本书的出版得到了浙江商业职业技术学院
出版资金资助

Research on the Optimization of
Agricultural Supply Chain Based on
Industrial Clusters：
An Illustrative Example from Zhejiang
Province of China

基于产业集群的
农产品供应链
优化研究
——以浙江省为例

花永剑 著

ZHEJIANG UNIVERSITY PRESS
浙江大学出版社

图书在版编目（CIP）数据

基于产业集群的农产品供应链优化研究／花永剑著.
—杭州：浙江大学出版社，2011.12
ISBN 978-7-308-09426-9

Ⅰ.①基… Ⅱ.①花… Ⅲ.①农产品－供应链管理－
研究 Ⅳ.①F724.72

中国版本图书馆 CIP 数据核字（2011）第 254802 号

基于产业集群的农产品供应链优化研究
——以浙江省为例

花永剑 著

责任编辑	朱 玲	
封面设计	十木米	
出版发行	浙江大学出版社	
	（杭州市天目山路 148 号　邮政编码 310007）	
	（网址：http://www.zjupress.com）	
排　版	杭州中大图文设计有限公司	
印　刷	浙江全能印务有限公司	
开　本	710mm×1000mm　1/16	
印　张	13.75	
字　数	205 千	
版 印 次	2011 年 12 月第 1 版　2011 年 12 月第 1 次印刷	
书　号	ISBN 978-7-308-09426-9	
定　价	29.00 元	

前　言

在流通领域,速度决定成败!

国内农产品的流通成本偏高,流通中的损耗偏大,归根结底是因为流通的速度跟不上。当然,这里的速度除了运输的速度外,还包括各环节的反应速度。浙江虽然土地资源并不丰富,但由于气候适宜,作为"江南鱼米之乡",其农业水平在国内位居前列。而且,浙江经济发达,产业集群是其经济的一个特色。"它山之石,可以攻玉"。借鉴工业领域产业集群发展的经验,用之于农业领域,应该会起到不错的效果。于是,课题组选择以浙江省农产品供应链发展的状况进行研究,藉此探讨国内其他地区的农产品供应链如何在产业集群的基础上进行优化。

较之传统的商品流通方式,供应链的运作模式组织性更强,效率更高,对物流、信息流和资金流的要求也更高。我国的农产品生产流通还处于较为初级的阶段,由于单个农户的生产规模不够大,机械化作业与信息化管理程度都比较低。相对而言,日韩等国的农业合作社运作模式更适合我国农业现阶段的发展。而农业产业集群则是在合作社运作的基础上,将批发市场、研发机构、供应商、经纪人、农业龙头企业等相关主体整合到一起,将农业生产流通过程中的分工专业化,提高农产品的价值,确保农产品的安全。通过高效的流通运作,带动农户收益的提高,并使消费者能享用到满意的农产品。这是本研究的出发点。

现有的理论研究,大多是将农业产业集群和农产品供应链分开进行,虽然取得了丰富的研究成果,但将这两者结合起来进行研究还很少。本书是作者近年来对农业产业集群和农产品供应链研究的一个总结。全书对农业产业集群和农产品供应链方面的理论作了较为系统的梳理，对浙江省农产品供应链的现状进行了有针对性的分析。在此基础上，本书较深入地研究了农产品供应链体系的构建、农产品供应链的竞合机制、农产品出口供应链的优化、农业产业集群与农产品供应链的互动关系等内容，并从政府的角度对农业产业集群的政策导向体系提出了建议。书中既有数据的分析，又有模型的探讨；既有面的阐述，又有个案的深入分析，对实际运作有一定的参考意义。

有关农业产业集群和农产品供应链问题的研究内容涉及面很广，本书只是针对浙江省的情况对这方面问题作了初步的探讨，还有许多问题亟待进一步更为深入的研究。由于作者水平有限，书中难免有些错误和不足之处，在此恳请读者提出宝贵意见，以便于我及时改进。

本书在研究和写作过程中得到了很多人的指导和帮助。在这里特别要感谢浙江商业职业技术学院的郑光财教授、何添锦教授、颜莉霞老师和吴哲老师，他们为本书的撰写提供了相关的资料和有效的指导；还要感谢临安市经济发展局的郭伟伟副局长、杭州勾庄农副产品物流中心办公室的马瑛副主任等，他们为本项目的调研提供了大量的方便；另外，还要感谢浙江商业职业技术学院物流管理专业07、08、09级的学生，他们为课题的研究做了大量的调研工作。此外，我还要对我的家人表示衷心的感谢，是他们无私的爱鼓励我一直将本书写完，尤其是我可爱的儿子，他才刚刚上幼儿园，每次写作累了的时候，只要儿子说一声"爸爸，你真棒！"我就有了继续写下去的无穷力量。

在对基于产业集群的农产品供应链优化研究中，本书受到了浙江省科技厅软科学重点项目（2010C25026）的资助，是该课题的一个阶段性成果。本书的出版还得到了浙江商业职业技术学院出版资金的资助，在此一并表示衷心的感谢！

花永剑
hzhuayongjian@163.com
2011年夏于杭州滨文苑

基于产业集群的农产品供应链优化研究

目　录

第一章 导 言

第一节 农业产业集群理论综述

近年来,随着国家对"三农"问题的重视,农产品的生产流通日益受到相关部门重视。如何在现有条件下,通过专业分工完成农产品的标准化生产和加工,从而提高农民的收益成为理论和实践中的一个热点问题。国内学术界近些年来对农业产业集群的研究越来越多,已引起各级政府的广泛关注。

一、农业产业集群研究的理论基础

农业产业集群的研究源于产业集群的研究,产业集群是专业分工和区域经济发展的产物。根据国际经合组织(OECD)的定义,农业产业集群是指一组在地理上相互临近的以生产和加工农产品为对象的企业和互补机构,它们布局在农业生产基地周围,由于共性或互补性联系在一起形成的有机整体。产业集群中不仅包括生产农产品的农户,而且包括各种农产品加工、运输、销售的企业以及各类服务机构(金融机构、农业科研机构、农产品行业协会、农业中介机构)等。目前关于农业产业集群的研究,主要是基于以下几个方面的理论。

(一)专业分工理论

亚当·斯密是最早提出专业分工理论的经济学家,他认为:"劳动生产力方面最大的增进以及运用劳动时所表现的更大的熟练、技巧和判断力,似乎都是分工的结果。"该论述蕴含了集群的思想,即区域内相关联企业间通过分工合作,具有提高生产力、促进技术创新、减少生产成本等多项竞争优势。该理论还提出,通过分工(包括地域分工)会给整个社会带来巨大经济利益,分工是提高社会劳动生产率和增加社会财富的重要源泉。每一个生产者为了其自身利益,应根据其当地条件,集中生产在社会上绝对有利可图的产品,然后用其销售所得,去购置所需的其他物品。可以看出,专业分工是形成产业集群的前提条件。

(二)成本优势理论

英国经济学家大卫·李嘉图在《政治经济学及其赋税原理》一书中指出,不同的国家和区域可以通过选择具有相对优势的产品进行专业化生产,利用区际分工与贸易而相互获得利益。他认为,两个国家或两个地区之间,只要有一个能以较低的成本生产各种产品,那么,两国或两地区之间的地域分工也会产生,两国或两地区之间的贸易也会发生,也会为双方带来效益。[1]他运用比较利益原则,较好地解释了地域分工和国际贸易与区际贸易问题。成本优势有利于某些生产要素的逐步集中,从而形成产业集群。

(三)工业区位论

德国经济学家阿尔佛来德·韦伯在 1909 年的《工业区位论》中构建了一个以成本(尤其是运输成本)为核心的工业区位选择理论,提出了一系列的概念、指标和原则,并第一次将集聚理论系统化。韦伯从运输费用、劳动费用和集聚效益三个方面分析了决定企业区位移动的影响,提出了运费指向因子、劳动费指向因子和集聚指向因子。在这些因子中韦伯极为重视集聚因子对产业布局的影响。他认为集聚是一种优势或者说是生产在很大程度上集中到一个地点所产生的市场化,并将这种集聚优势归结为技术设备发展、劳动组织发展和整体经济良好运用性等几个方面。

(四)增长极理论

增长极概念是由法国学者佩鲁(Francois Perroux)于 1955 年首次提出的,后来美国学者弗里德曼(John Frishman)、赫希曼(A. O. Hischman)以及瑞典学者缪尔达尔(Gunnar Myrda1)等人在不同程度上丰富和发展了这一理论。该理论认为在地理空间上经济增长是不平衡地发展的,它以不同强度呈点状分布,一个地区当嵌入一个推动性工业单元以后就可以产生集聚经济,形成增长中心,从而推动整个区域经济发展。增长极一旦出现后对周围地区发展将产生两方面效益,即极化效应和扩散效应。增长极理论强调区域间的不均衡发展,因此会导致地区间贫富发展的两极分化,形成地理空间上的二元经济,甚至形成独立于周边的"飞地"现象。

(五)产业集群理论

完整意义上的产业集群理论是由美国经济学家迈克尔·波特提出的。他把产业集群定义为:在某一特定领域,同时具有竞争与合作关系,且地理上集中又相互关联的企业、专业化或服务供应商、相关产业的厂商和机构以及支撑体系在一定区域内大量集聚发展并形成具有持续竞争优势的经济群落。他提出了关于产业集群著名的钻石模型,这就是一个国家的特色产业能够持续创新和升级,从而获得国家竞争优势。其主要取决于以下四方面的条件:①投入要素状况;②需求状况;③相关支撑产业;④企业战略、结构与竞争。[2]产业集聚能提高企业的竞争力,集群不仅能降低交易成本、提高效率,而且能改进激励方式,创造出信息、专业化制度、声誉等集体财富,更重要的是,集群能够改善创新条件,加速生产率增长,也更有利于新企业的形成。

在此基础上,奥地利区域经济学家 Tichy,提出了集群生命周期概念,认为集群具有一个从产生、发展、成熟到衰亡的过程。瑞典经济学家 Magnus Lagnevik 等则在《食品产业集群的创新机理》一书中提出,处于流动阶段的项目,如果拥有集群背景,就更具有成本优势,且更有机会实现技术的快速更新。集群对企业的发展和创新进程主要有三个重要的影响,分别是生产力增长、提高发展速度和强度、创办新企业。集群为一些大型和小型企业的竞争与合作提供了机会。

上述各方面的理论研究，推动了各地产业集群的发展，继工业产业集群的研究之后，掀开了农业产业集群研究的篇章。

二、国外农业产业集群研究现状

对农业产业集群的研究是从早期的农业区域经济引入的。杜能（Thunen，J. H. von）是最早提出农业区位论的经济学家，他在著作《孤立国同农业和国民经济的关系》中，从区位学角度研究了农业生产布局问题。他以农民经营农场追求利润最大化为目标，引入地租和运费变量，并假设地租与耕地到中心城区的距离成反比、运输费用与这一距离成正比，通过建立数学模型，根据不同农产品的生产运输方式特征，得出农业生产布局的最优解。他揭示了即使在同样的自然条件下，也能由于生产区位与消费区位之间的距离，使农业生产方式在空间上出现分异，呈现出同心圆结构。

近代，有经济学家将农业发展分为不同阶段，来探讨农业产业集群的产生。韦茨（1971）根据美国农业发展的经历，把农业发展分成四个阶段：一是以自给自足为特征的维持生存农业阶段；二是以多种经营和增加收入为特征的混合农业阶段；三是以专业化生产为特征的现代商品农业阶段；四是以自动化生产管理为特征的现代农业高级阶段。速水佑次郎（1988）根据日本经济发展的实践也把农业发展分成三个阶段：以增加生产和市场粮食供给为特征的阶段、以着重解决农村贫困为特征的阶段、以调整和优化结构为特征的阶段。农业产业集群是最高级的阶段。

目前，国外学者有关农业产业集群的研究主要涉及四个方面：一是关于农业产业集群的概念和构成。在构成方面，Suren Kulshreshtha 和 Wayne Thomp（2005）认为，农业产业集群由农业生产子集群、食品加工子集群和农场投入制造子集群三部分组成。二是农业产业集群的形成机制。以克鲁格曼为代表的新经济地理学观点认为，地理位置和历史优势是集聚的起始条件，规模报酬递增和正反馈效应则导致了集聚的自我强化，使得优势地区保持领先。三是农业产业集群的影响因素。西方学者一般认为影响农业产业集群的因素主要有地理环境因素、文化环境因素、消费需求因素、市场竞争因素。四是农业产业集群的实证分析。Dai Peters, Chris Wheatley, Gordon Prain, JoepSlaats, RupertBest 等（2002）通过比较农作物加工企业集群、小猪生产和出口的企业集群，识别出发展约束和可能的解决方法。Stephan Goetz，Martin Shields and Qiuyan Wang（2004）采用不同的分析工具对美国东北部的农业和食品产业集群进行了分析。迈克尔·波特（2003）通过对美国加州葡萄酒产业的研究提出，政府依靠该区域优良的葡萄产业，引导相关企业将整个产业链进行延伸，延伸出葡萄种植护理、葡萄采收设备生产、葡萄酒瓶生产、旅游观光等相关产业。其中，政府有关部门和当地的一些高校发挥了主导作用。

可以看出，在发达国家农业产业集群的理论研究和发展实践已经较为成熟，一些地区的农业产业集群颇具特色，并已成为当地的国民经济支柱，如荷兰的花卉产业集群、美国加州的葡萄酒产业集群、丹麦的养猪产业集群、比利时的养鸡产业集群、智利的苹果产业集群等。

三、我国农业产业集群研究评价

农业产业集群的概念近年来在国内传播很快。在百度里输入"农业产业集群"搜索，可以找到 686 万个相关网页。但是关于这方面的理论研究还不够深入。在中国知网里用题名一项输入"农业产业集群"精确搜索，只有 162 条记录。其主要有以下几个方面。

（一）农业产业集群的模式研究

一般认为，农业产业集群发展的主要模式有农业高科技园模式、中小企业型模式和市场型模式三类，这三类模式其实都有自身的核心，是围绕着核心企业发展起来的。不同地区有不同的适合模式。李君茹等（2007）研究后提出，一个功能完善、结构合理的农业科技园区，在空间结构上的布局分为三个层次，即核心区、示范区和辐射区。[3]中小企业型模式是以一家或几家大企业为核心、为数众多的小企业和农户为外围而形成的，居于中心的企业往往都是实力雄厚的大企业。中心企业负责向集群地以外的市场提供产品，它不一定拥有生产过程的所有设备，但在制订生产计划、安排生产、检验产品质量等过程中扮演着重要的角色，并负责构筑市场、营销渠道、制定市场战略、采购原材料。农业科技园三区之间的藕合机制，主要通过科技对接、品牌对接和服务对接，来形成园区集群的空间区位效应。多数研究认为,龙头企业在农业产业集群的发展中有着不可或缺的作用。

(二)农业产业集群中政府作用的研究

陶怀颖在 2006 年时就提出,农业产业区域集群的建设,离不开统一、完善的市场体系,离不开健全的市场秩序,建立并维护市场运行的基本规则是政府在市场经济中最基本的职能,必须也只有政府才能做到。

张奇(2009)谈到,产业集群发展中的政府作用机制有五个方面:一是产业本体支持,二是网络支持,三是技术支持,四是要素支持,五是制度支持。[4]王峥(2008)、黄建军(2010)等提出,产业集群地方政府通过主动介入集群创新活动,成立地方技术组织,与中小企业建立稳定的创新协作关系,为中小企业积累或传递技术创新活动所必需的各种资金、信息、人才、技术资源。通过创新协作关系的互动,地方技术组织分担了中小企业技术创新的部分成本和不确定性,增加了创新的收益。

农业产业集群网络结构的形成,不仅仅需要有农户、农产品加工或销售企业、原材料供应商,还需要有与农业相关联的农资部门、农技推广部门、金融机构、保险机构、科研机构、培训机构等服务体系,这些部门为农业产业集群的发展提供资金、技术、人才培训等方面的服务。这有利于从两端延长农业产业链条,实现农业生产服务的系列化和农产品的深度加工增值。这些都需要政府的支持。

(三)农业产业集群的动力机制研究

动力机制是推动农业产业集群形成和发展的根本推动力量,其主要功能就在于将集群的资源优势转化为显性的竞争优势。国内学者刘恒江、陈继祥(2005)、周新德(2008)等人认为,先天禀赋是农业产业集群竞争优势来源的基础,动力机制则是推动农业产业集群发展的根本动力。拥有先天资源、培育动力机制、不断将资源转化为竞争优势是农业产业集群发展的内在逻辑。外援动力机制主要来源于国家(政府)有意识地对集群进行的规划、调控行为以及外部环境。

周雪松、刘颖(2007)通过研究认为,集群的竞争力源于集群对外部资源的吸收和内部资源的利用,即资源"整合"基础上所产生的销售、孵化和创新的能力,最终表现为财富创造能力,而集群"整合能力"的强弱是由集群"资源集聚能力"、"分工合作能力"和"知识(技术)共享能力"三者的强弱所决定,而这三者又是相互促进的。

与之相对应的,刘俊浩、李加明(2008)则通过对"钻石模型"的深入分析,提出农业产业集群建设是一个复杂的系统工程,除了拥有自然资源条件和基础设施建设外,还需要人力资本与知识资本的积累、相关支撑产业的发展、适应国内外市场的需求、企业与农民合作组织的发展。[5]这些才是农业产业集群快速成长的动力,并能使其具备独特的竞争优势。

(四)农业产业集群的发展路径研究

对于农业产业集群的成长过程,周新德(2009)的看法是其可分为孕育阶段、成长阶段和成熟阶段。对农业产业而言,仅有"地理集聚"只能称为"集",而只有实现"分工合作"并由此而产生的较强乘数效应才能称为"群",即真正意义上的"集群"。在发展的思路方面,国内学者的观点又有以下几种:

一是走农业产业系统化发展道路,把农业与农产品加工、科研机构、市场等紧密相联。吴碧波、何初阳(2008)提出,一方面集群内企业分工专业化。在生产经营与市场交易中与农户、辅助机构及销售单位等紧密合作与协调,产品不断增值增收,同时农产品生产的企业与科研院所等其他机构的合作形成规模经济效应,有利于整体创新能力的提升及农业产业结构的优化与调整。另一方面产业集群的不断深入,加快了农业产业化的步伐,带动了集群区域范围内甚至整个农村经济发展及整体竞争力的提升。

二是从区域品牌建设的角度着力发展。郭欣旺、周云凤(2010)等人认为,由于资金、技术、人才等原因,中小企业往往难以树立起自己的品牌。我国农业产业集群以成本推动的劳动密集型作物为主,生产规模小、产品质量低、市场意识淡、加工环节弱,农产品难以实现价值增值。而区域品牌具有非排他性和正的外部性,中小企业通过"搭便车"来共享这一外部经济效应,可以降低生产和交易成本,通过品牌的打造吸引相关的资源。[6]

三是依托农业龙头企业带动发展。花永剑等人(2009)通过实证分析发现,通过龙头企业的统一协调,有利于将农民从"小而全"的生产模式中解放出来,专注于生产,而将采购、销售等业务剥离出来,从而提高效率和效益。各地政府应致力于培养农产品龙头企业,对目前供应链上有潜力的核心企业,在融资、技术扶持、税收等方面提供优惠措施。这有利于农业产业集群的快速成长。[7]

(五)农业产业集群的竞争优势研究

在提高农业产业竞争力的问题上,学者们的观点大致分为两种:一种是通过产业链的纵向或横向一体化形成龙头企业;另一种就是构建产业集群形成集群优势。这两者又往往是相互交织在一起的。郑风田、程郁等在2005年时就提出,农业产业集群的竞争力主要源于积聚产业网络组织所生产的规模经济和范围经济效益、外部经济效益、联合效率以及区域创新网络。

在此基础上,尤晨、魏世振(2007)认为,农业产业集群作为一种新型的经济组织,可以发挥生产社会化、专业化、贸工农和农科教一体化的协同优势,全面提高人力资源素质和生产经营整体的科技含量,加快农业产业的转型升级,加快传统农业向现代农业转变,从而促进现代农业发展。[8]

周新德、柳弟贵(2008)提出,农业产业集群对现代农业具有积极的经济效应,它有利于农业生产要素投入的集约化。当集群内大量企业集聚,并达到一定规模时,整个集聚区域内的任何企业都能以最低的成本获得所需要的各种生产要素,节约空间交易成本,从而实现外部规模经济,形成集约化经营。

现在,消费者对农产品的需求结构更加复杂,一方面,使农业产业链的增值环节越来越多,一种农产品从研发、培植、生产到营销、运输所形成的价值链已很难由一家企业来完成;另一方面,使农产品生产过程的相互关联性更强,以生产农产品为对象的企业要想获得企业的内部规模经济和范围经济,从而满足市场的需求,就必须使市场交易转移到企业内部交易,以避免重复谈判的成本以及非合作行为的出现。农业产业集群的竞争优势主要就体现在成本较低和创新较为容易上面。

(六)农业产业集群的创新机制研究

对于产业集群的创新,王缉慈认为,它是保持产业集群活力和持续发展的源泉。只有不断创新,才能避免跌入"逐底"的深渊,才能不断升级和实现可持续发展。

朱清海、李崇光（2004）对农业产业集群的创新进行过专门的研究，提出农业园区集群的创新效应主要来源于集群所带来的知识溢出效应、创新资源的可得到性、"追赶效应"和"拉拨效应"、吸聚作用以及植根性等方面。[9]企业彼此的接近和了解使得它们之间的相互影响加强，由于竞争障碍的减少和攀比心理作用，企业间的竞争会越来越激烈，先进企业为了保持竞争优势会更加努力创新。高升、洪艳（2010）提出科技创新是农业产业集聚形成和发展的内在动因。一项农业技术创新可以振兴一个农业产业，农业科技创新能力改变生产力的三个要素，即生产力、生产资料和劳动对象。以生物技术为核心的生产技术创新可以突破产业带发展的时空约束，扩大集群的规模边界。

杨锐、李萍（2010）通对花卉产业集群的分析提出 NRCE 模型，认为一个产业集群的持续创新发展源于四个方面：一是以企业知识基础衡量的本地企业技术能力；二是获取外界知识资源的全球联结能力；三是对外联结或互动过程的便利性；四是在"地方—全球"的互动学习中，是否形成独特的企业家精神。[10]

四、现有研究述评

国内关于农业产业集群的研究近几年才逐渐兴起，许多领域有所涉及但不够深入，系统性的理论研究以及可操作的举措研究都有所欠缺。其主要体现在以下几个方面。

（一）竞合机制研究不够深入

农业产业集群的一个明显特征是专业分工，整个网络细分为生产、研发、加工、流通等诸多环节。从供应链的角度看，则涉及供应商、生产商、经销商、零售商等主体。这些主体两两之间以及某一类主体内部企业之间既有竞争，又有合作。比较而言，发达国家农产品流通的效率较高，很大程度上是由于产业集群内部有着良好的竞合机制。国内的农产品流通效率低，链条的两端——农户和消费者的利益都难以得到保障，中间环节过于重视短期效益，恶性竞争不时发生，需要有效的制度来加以规范。

(二)转型升级研究亟待加强

区域农业的发展一般要经历"集聚—产业化—集群—转型升级"几个阶段,国内不少地区的农业产业集群虽然已经形成,但还处于初级阶段。目前的研究主要还集中在农业产业集群的形成和竞争力的培养方面,但国内外农业产业的巨大差距对国内农业的发展提出了严峻的挑战,要求农业产业集群尽快转型升级。

(三)具体的创新路径研究很少

良好的创新机制有助于产业集群的可持续发展。国内农业产业的发展,科技含量相对较低,无论是种子的研发,还是农产品的流通加工,与发达国家相比都有不少的差距。要提升农业产业集群的核心竞争力,势必要通过创新不断开发其潜能。目前针对农业产业集群创新的研究主要是宏观层面、理论层面的,对具体的创新路径研究甚少。各地情况千差万别,如何结合当地的农业生产要素优势,探求有效的创新举措,是将理论落到实处的关键步骤。这需要对国内多个地区进行实例研究,总结成功经验,进而提出可供借鉴的方式。

第二节 研究背景和意义

一、研究背景

近些年来,随着消费需求的升级换代和国家对"三农"问题的重视,我国农业经济发展迅速。农产品的生产结构发生了很大的变化,经济作物的大范围种植,改变了我国农产品的生产方式,形成了不少农业产业集群。这不仅大大提高了农民的收入,而且较好地满足了人民对农产品的消费需求。目前,农产品的生产与流通呈现出以下变化和问题。

(一)农业产业集群发展迅速

随着国家对农业经济的重视,"一镇一品"政策在农村大范围推广。我们发现,农业产业集群在广大农村地区发展迅速。随着分工的不断细化,农产品生产企业、农产品经纪人、专业农产品批发市场、农产品供应商越来越多。农业产业集群的形成与发展,促进了农产品的品牌化建设,提高了产品的附加值。有些地区的农业产业集群已形成了较大的规模,使得当地农民的收入得到大幅提高。

(二)我国农产品在流通过程中的损耗较大

据统计,发达国家农产品在流通过程中的损耗比率为5％左右,而由于流通保鲜技术应用差,我国蔬菜综合损耗高达25％左右,每年仅蔬菜商品量部分的损耗造成的物流成本费用就高达122.5亿元。许多鲜活农产品运输还是采用冰块保鲜的土方法,以蔬菜为例,我国封闭车或冷藏车运输使用率仅为5％左右,而日本等发达国家90％以上的蔬菜都要经过预冷处理。冷冻冷藏技术需要较高的文化水平,而我国农业从业人员中,受过初中及以上教育的人只占总人口的20％,接受各种专业培训的人员只占15.7％,导致有些地方出现有设备不会用的状况。因此,在我国农产品流通中,一方面农民觉得种农产品不划算,另一方面又被消费者认为产品价格太高。

(三)农产品供应链亟待优化

不少专家认为,当前影响我国农业发展的瓶颈正从生产领域逐渐转入流通领域。一直以来,我国面临着在"大工业,小农业"二元经济结构内如何激活农产品流通发展的难题。在当前条件下,如何解决"小农户"与"大市场"之间的矛盾,已成为解决我国"三农"问题的一个突破口。农产品供应链涉及农资供应商、农民、农产品经纪人、批发市场、超市、农贸市场、消费者等众多的参与者,目前存在着农产品附加值低、流通效率不高、食品安全难以追溯等问题。据世界粮农组织统计,按每个农业劳动力每年生产的实物计算,我国为1194千克,是世界平均水平的71％,日本的33％,美国的12.5％。另外,我国农业科技成果转化率偏低,2000年以来,每年我国取得农业科技成果6000多个,但转化率不足50％,而发达国家农业科技成果转化率已达80％以上。国内多数地区农产品的科研、生产、加工和销售还没能实现一体化。

(四)"农超对接"正在启动

近来我国政府有关部门正在推行新鲜农产品从田间地头直接到超市柜台的"农超对接"工程。通过该工程的实施,超市可以利用自身在市场信息、管理等方面优势参与农产品生产、加工、流通的全过程,提供生产技术、物流配送、市场信息咨询、产品销售等一整套服务,将农户的小生产与大市场有效地联结起来,优化农产品供应链条,发挥流通带动生产的作用,对于构建现代农产品流通体系、改革农产品流通体制具有重要意义。这种模式有利于建立农民与零售商之间稳定的购销关系,促进农产品销售;有利于对农产品生产进行全程监管,提高农产品质量安全水平;有利于促进农民增收,扩大农村消费;有利于降低农产品流通成本,让利于农民和消费者;有利于树立农产品的品牌,提高农产品市场竞争力。但从目前情况来看,在按时保质地提供超市所需的农产品方面,还存在不少问题。比如,农产品的生产质量难以保证,农产品流通过程中的技术水平较低,农民在产品销售上存在两面性等。只有解决好这些问题,才能顺利实现"农超对接"。

二、研究意义

本研究将以农产品在超市及农贸市场等终端销售时所遇到的问题为切入点,从农产品供应链的下游延伸到上游环节进行研究。本书拟从理论上提出农业产业集群与农产品供应链优化的互动模式,总结归纳出农业产业集群的形成与发展模式。在对影响农产品供应链运作效率的各种因素分析的基础上,研究农产品供应链的创新机制。同时,对农产品供应链上各环节的合作机制进行研究,探讨"双赢"的合作模式。这些都将使现有的农业产业集群和农产品供应链理论更加深入和有所突破。

本研究将丰富农产品流通和政府服务职能的理论,将政府有关部门对农产品流通的服务从战略对策引向具体实施的操作层面。通过研究,本课题将探讨"农超对接"切实可行的措施,提出政府在此过程中应提供的服务和管理职能,比如,通过举办"农超对接"洽谈会、产品展示推介会等形式,积极为超市和合作社搭建对接平台,畅通对接渠道,特别是要重点组织大型连锁超市、农产品流通企业,与本地产业基础好、产品规模大、品牌质量优、农户成员多的农产品专业合作社开展对接活动，引导建立直接供应超市的农产品生产基地，发展稳定的农产品购销合作关系。

第三节　研究内容和方法

一、研究内容

（一）本研究的主要内容

1. 农业产业集群的形成与发展模式及其对农产品供应链的影响。以浙江省的情况为例探讨农业产业集群与其他产业集群的区别，其形成过程中政府和龙头企业各自应发挥的作用；对农产品拍卖市场、农业合作社运作机制、农家乐开发、农产品品牌的创设与维护、农业产业链的延伸等方面进行研究。同时，研究产业集群的分工协作机制及其对供应链管理优化的影响。

2. 影响农产品供应链运作效率的各种因素分析。运用博弈分析法及数理统计分析法对农产品市场的完善程度、农业合作社的有无与管理模式、农民生产规模的大小、分工的专业化程度、第三方物流的介入程度、供应链环节的多少等因素进行分析，找出提高农产品供应链运作效率的关键要素。

3. 农产品供应链的创新机制研究。通过分析创新的主导者、创新的环境、创新的领域、创新的内在机理、创新的激励机制等方面来探讨激发农产品供应链创新的机制。研究农产品供应链创新的现状和趋势，探讨科研机构参与供应链创新的模式，探讨降低广大农民生产经营风险的方式，以及如何通过核心企业的创新带动广大农民参与创新，最后达到供应链优化的良性互动。

4. 农产品供应链上各环节的合作机制研究。以浙江省为例，运用博弈论探讨农产品供应链参与者之间合作面临的风险、有效合作的模式、如何降低交易成本等问题。研究如何围绕核心企业建立高效运作的农产品供应链,并进一步探讨出口的农产品各方合作应如何建立与维护。研究政府如何引导高校、科研机构参与到农产品供应链的构建,提出农业经济产学研合作的新模式。

5. 农超对接机制研究。研究如何推动企业加大鲜活农产品现代流通设施投入,增强鲜活农产品加工配送能力,提高鲜活农产品经营信息化水平,扩大超市的鲜活农产品销售规模和比重,培育专业合作社自有品牌,提高"农超对接"水平和成效。探讨如何处理好农产品生产者与销售终端的分工,并建立公平合理的利益分配机制,从而促使农民的收入能保持稳定的增长。

(二)创新点

1. 将农业产业集群与农产品供应链结合起来研究,摆脱了以往对供应链研究多在微观层面的局限性。

2. 具体针对农产品研究其供应链的创新机制,完善供应链的相关理论。

3. 研究农产品拍卖市场对供应链的影响及在国内大范围推广的可行性。

二、研究方法

本研究紧密结合浙江省农产品产业集群及供应链的实际,将理论上的规范分析与现状的实证分析相结合,达到点面结合。在资料的收集上,主要通过文献检索、调查问卷、实地调研、个别访谈等多种形式。在具体的研究方法上,除了通常的定性分析外,还运用大量的定量分析,通过事实和数据的大量引用和分析,建立农产品供应链优化的模型。

(一)案例研究方法

本研究选取一些浙江省内农业产业集群发展较好的地区进行个案研究,从农产品流通模式、农村合作组织建设、农产品品牌建设、批发市场完善、电子商务等方面总结它们成功的经验,探讨政府与龙头企业在其中所发挥的作用,为其他地区提供借鉴与启示。

（二）调查研究方法

本研究采取抽样调查、实地调研的方式。问卷调查主要针对农业合作社、农产品批发市场设计，并组织学生发放和回收；实地调研将通过选取浙江临安、萧山、庆元等地的企业、地方政府进行访谈完成。

（三）实证分析方法

本研究利用制度经济学、博弈论、成本—收益分析等基本分析框架，运用调研所获得的相关资料数据，论证各种农产品供应链模式的利与弊，从理论上建立不同的产业集群阶段相对应的农产品供应链模型。

参考文献

[1]（英）大卫·李嘉图.政治经济学及其赋税原理[M].北京：华夏出版社，2005.

[2]（美）迈克尔·波特.竞争论[M].北京：中信出版社，2009.

[3]李君茹.谈发展农业产业集群对新农村建设的促进作用[J].商业时代，2007(33).

[4]张奇.农业产业集群成长演进中的地方政府作用研究[J].农村经济，2009(1).

[5]刘俊浩，李加明.基于"钻石模型"的农业产业集群要素分析[J].农业经济，2008(1).

[6]郭欣旺，周云凤.基于区域品牌战略的农业产业集群研究[J].古今农业，2010(2).

[7]花永剑.基于出口导向的农产品供应链优化研究[J].乡镇经济，2009(9).

[8]尤晨，魏世振.农业产业集群形成机制分析及启示[J].福建论坛，2007(6).

[9]朱清海等.农业科技园区产业集群优势效应分析及策略[J].农业现代化研究，2004(5).

[10]杨锐，李萍著.花卉业的全球化和地方集群创新[M].北京：中国建筑工业出版社，2010.

第二章　基于产业集群的农产品供应链现状分析

　　农业涉及国计民生,是整个社会的基础产业。近年来,随着农产品物价和安全问题日益受到关注,政府把"三农"问题放到了很重要的位置。浙江省素有"鱼米之乡"之称,是一个农、林、牧、渔业全面发展的综合性农业区域。伴随着工业经济的快速发展,浙江的农业经济发展也在加速,市场竞争力不断提升,农业生态环境明显改善,农民生活水平大幅度提高。

　　浙江虽然人均土地资源不多,但百姓的创新能力和市场创办能力很强,浙江的农业在国内是位居前列的,临安的竹笋、庆元的食用菌、萧山的苗木、德清的花卉等产业集群在国内都颇有名气。不过,由于农产品生产者集约化、规模化程度不高,采购、加工、包装、存储、运输技术落后,分销渠道产业化程度低,使得农产品的生产、流通整体效益不高。分散的农户面对大市场大流通盲目生产、销售无路,特别是鲜活农产品渠道不畅、技术落后、损耗率高、增值能力差,农民收入增长不明显。而消费者"菜篮子"日渐沉重,且购买的鲜活农产品质量和食品安全大打折扣,"买难"和"卖难"现象同时存在,市场机制对资源配置的作用不能有效发挥,大量价值损耗在中间流通环节。

为了对浙江农业产业集群和农产品供应链的现状有充分的认识,课题组进行了充分的调研。一方面,通过浙江省农业信息网、浙江省统计信息网等网络资源查阅了有关浙江农业产业的大量资料。另一方面,组织成员和学生实地进行调研。具体地,组织课题组成员到杭州的勾庄农产品物流中心、临安的竹笋合作社和竹笋加工企业、庆元的食用菌批发市场、杭州的物美超市和华润超市等地进行实地调研,对相关人士进行了访谈;组织学生到杭州的十余家农产品批发市场和农贸市场、萧山的花木城以及杭州、宁波、金华、丽水、嘉兴等地的 500 多家农户发放问卷进行调查。

第一节 浙江省农产品供应链发展环境分析

一、浙江省农产品供应链发展的经济环境分析

(一)农产品供给市场持续稳定增长

浙江农业在"创业富民、创新强省"的战略思想下,围绕加快发展现代农业、促进农民增收,大力推进科技进步,强化监管和为农服务,促进农村经济的持续健康发展,农产品供给市场结构区域趋于合理,高效经济作物开发有力,蔬菜、肉、蛋等"菜篮子"农产品保障供给有效,农产品经济总量逐年增长,生产稳定,市场产品充裕。2009 年,全省农林牧渔服务业总产值1869.9 亿元,农民人均纯收入 10007 元,率先在全国各省区突破万元大关。

2003—2009 年,国民经济快速增长,农作物产量稳定。产值稳中有升,但播种面积总体却在小幅缩减,粮食作物、油料、蔬菜类均呈现小幅缩减趋势,果瓜播种面积略有上涨。这七年间,浙江省农业总产值及种植业总产值如图 2-1 所示,主要农作物产量如图 2-2 所示,主要农作物播种面积如图 2-3 所示。

(二)人民消费水平平稳增长,农产品需求趋向多样化

浙江经济发达,城乡居民收入居全国前列,居民购买力旺盛,消费需求近年来不断攀升。据对全省城乡住户抽样调查,2009 年全省城镇居民人均

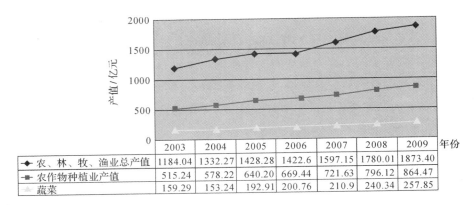

年份	2003	2004	2005	2006	2007	2008	2009
农、林、牧、渔业总产值	1184.04	1332.27	1428.28	1422.6	1597.15	1780.01	1873.40
农作物种植业产值	515.24	578.22	640.20	669.44	721.63	796.12	864.47
蔬菜	159.29	153.24	192.91	200.76	210.9	240.34	257.85

图 2-1　2003—2009 浙江省农业总产值及种植业产值统计

资料来源:浙江统计年鉴 2010

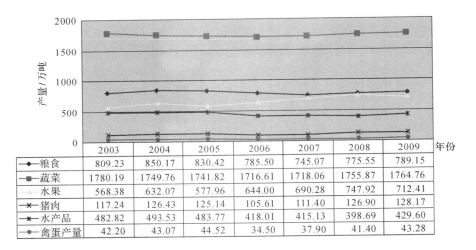

年份	2003	2004	2005	2006	2007	2008	2009
粮食	809.23	850.17	830.42	785.50	745.07	775.55	789.15
蔬菜	1780.19	1749.76	1741.82	1716.61	1718.06	1755.87	1764.76
水果	568.38	632.07	577.96	644.00	690.28	747.92	712.41
猪肉	117.24	126.43	125.14	105.61	111.40	126.90	128.17
水产品	482.82	493.53	483.77	418.01	415.13	398.69	429.60
禽蛋产量	42.20	43.07	44.52	34.50	37.90	41.40	43.28

图 2-2　2003—2009 浙江省主要农作物产量统计

资料来源:浙江统计年鉴 2010

可支配收入 24611 元,扣除价格因素,比上年实际增长 9.7%,城镇居民人均可支配收入连续 9 年列全国各省区第一位。城镇居民收入基尼系数为 0.2935,人均消费支出 16683 元,比上年实际增长 11.6%。城镇居民家庭恩格尔系数为 33.6%,比上年下降 2.8 个百分点。2003—2009 年浙江城乡居民收入与支出如图 2-4 所示。

近年来,浙江省城镇居民家庭平均每人全年消费的粮食类、肉禽蛋水

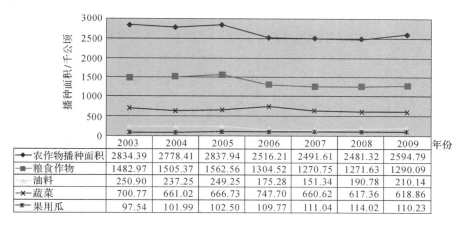

	2003	2004	2005	2006	2007	2008	2009
◆ 农作物播种面积	2834.39	2778.41	2837.94	2516.21	2491.61	2481.32	2594.79
■ 粮食作物	1482.97	1505.37	1562.56	1304.52	1270.75	1271.63	1290.09
油料	250.90	237.25	249.25	175.28	151.34	190.78	210.14
✕ 蔬菜	700.77	661.02	666.73	747.70	660.62	617.36	618.86
果用瓜	97.54	101.99	102.50	109.77	111.04	114.02	110.23

图 2-3 2003—2009 浙江省主要农作物播种面积统计

资料来源:浙江统计年鉴 2010

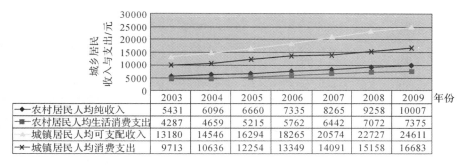

	2003	2004	2005	2006	2007	2008	2009
◆ 农村居民人均纯收入	5431	6096	6660	7335	8265	9258	10007
■ 农村居民人均生活消费支出	4287	4659	5215	5762	6442	7072	7375
城镇居民人均可支配收入	13180	14546	16294	18265	20574	22727	24611
✕ 城镇居民人均消费支出	9713	10636	12254	13349	14091	15158	16683

图 2-4 浙江城乡居民收入与支出趋势分析

资料来源:浙江统计年鉴 2010

产品类、蔬菜类、干鲜瓜果类、奶及奶制品的数量逐年上升,消费结构进一步优化,消费水平不断提升。居民消费习惯和方式向着更加高效快捷的方向发展,同时对农产品消费环境和农产品食品安全的需求进一步提高。这种消费变化在一定程度上推动了连锁生鲜超市、蔬果专卖店等商贸流通业态的迅猛发展,同时使得城市配送、农产品加工、运输等物流服务需求加大。据不完全统计,2005 年杭州地区在超市购买蔬菜的市民为 5%～10%,2010 年比例达到近 20%。2010 年浙江省各级工商部门共指导 402家农民专业合作社,520 家种植专业户与 563 家超市、市场、酒店、食堂等农产品销售终端签订了 6278 份合同,金额达 17.4 亿元。农产品物流得到迅猛发展,新型的物流服务形式不断涌现,大型专业农产品物流中心相继建成,物流发展呈现专业化趋势。2003—2009 年浙江省主要农产品人均全年消费支出如表 2-1 所示;城镇居民家庭平均每人全年购买主要商品数量如表 2-2 所示。

表 2-1 2003—2009 浙江省主要农产品人均全年消费支出情况 （单位:元）

项　　目	2003	2004	2005	2006	2007	2008	2009
消费性支出	9713	10636	12254	13349	14091	15158	16683
食　　品	3558	3851	4140	4393	4893	5523	5605
粮油类	304	379	391	395	438	537	525
肉　　类	314	376	398	383	458	568	537
禽　　类	161	161	181	166	214	245	237
蛋　　类	48	52	57	55	66	74	75
水产类	547	500	516	552	598	596	623
蔬菜类	311	336	335	365	385	414	448
干鲜果瓜类	255	281	297	334	362	382	421

资料来源:浙江统计年鉴 2010

表 2-2 浙江省城镇居民家庭平均每人全年购买主要商品数量

（单位:千克）

项　　目	2003	2004	2005	2006	2007	2008	2009
大米	58.40	58.88	54.15	54.09	51.07	52.61	51.14
猪肉	17.58	18.19	18.73	18.24	16.30	16.76	17.45
鲜蛋	7.24	6.49	6.40	6.49	6.32	6.77	6.62
鱼	15.18	13.02	13.65	13.55	14.27	13.33	13.47
鲜菜	101.50	102.28	88.71	91.15	91.32	88.65	89.92
鲜果	39.39	41.45	37.07	37.24	39.14	36.16	37.14
鲜奶	16.55	16.07	13.45	13.35	13.30	11.42	10.89

资料来源:浙江统计年鉴 2010

（三）批发、零售、餐饮服务快速发展，运输、配送等物流服务齐头并进

浙江是全国经济强省，国内贸易发展居全国前列，商贸流通企业数量多、产值大。2010 年末全省共有商品交易市场 4232 家（含 38 家网上交易市场），全年成交总额 11688 亿元，其中有形市场成交总额 10745 亿元，比上年增长 9.7％。成交额超亿元的市场 633 个，超十亿元的市场 162 个，超百亿元的市场 18 个。全省累计已建立乡镇连锁超市 1843 个，已有 14109 个行政村开设便利店 16776 个，覆盖率为 47.2％。商贸流通业积极稳步发展，城市化建设步伐加大，在很大程度上造成经济要素流量、流向和响度的改变，对物流通道、节点的整合，物流资源配置效率以及物流管理技术和专业化服务提出了更高的要求。2003—2009 年浙江省消费品零售总额如图 2-5 所示；2008 和 2009 年浙江省限额以上批发零售贸易的基本情况如表 2-3 所示。

图 2-5　浙江省消费品零售总额

资料来源：浙江统计年鉴 2010

表 2-3　浙江省限额以上批发零售贸易基本情况

项　目	2008 年	2009 年	项　目	2008 年	2009 年
农产品批发企业/个	80	71	农产品批发销售总额/亿元	122.59	113.31
食品批发企业/个	425	389	食品批发销售总额/亿元	1402.21	1338.49
超市零售企业/个	121	135	超市零售总额/亿元	351.17	394.23
食品专门零售企业/个	72	60	食品专门零售总额/亿元	37.12	28.75

资料来源:浙江统计年鉴 2010

(四)农村经济与农业物流稳步发展

浙江农村经济发展平稳,2009 年农村居民人均纯收入 10007 元,比上年实际增长 8.1%,连续 25 年列全国各省区第一位。农村居民收入基尼系数为 0.3634。农村居民人均生活消费支出 2756 元,实际增长 2.5%。农村居民家庭恩格尔系数为 37.4%,比上年下降 0.6%。2003—2009 年浙江省农村居民收入与消费支出情况如图 2-6 所示。

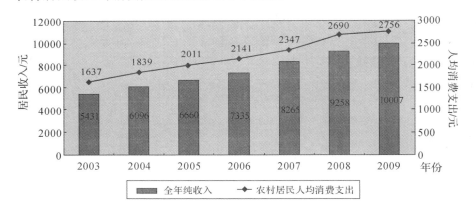

图 2-6　浙江省农村居民收入与消费支出情况

资料来源:浙江统计年鉴 2010

农产品产值平稳增长,农民收入逐步增加,农业结构调整进入发展新阶段,农村市场存在着大量的物流需求。一方面,大量的农资需要低成本、高效率地运往农村。另一方面,各类农产品除满足自给自足外,需要大量及时地销往城市及周边地区。但低效的农产品供应链成为农村经济转型升级发展的瓶颈,急需引进现代物流,促进农村物流的现代化。2003—

2009 年浙江省农村居民平均每人主要食品消费量如表 2-4 所示。

表 2-4　2003—2009 年浙江省农村居民平均每人主要食品消费量　（单位：千克）

项　目	2003 年	2004 年	2005 年	2006 年	2007 年	2008 年	2009 年
粮食	207.26	203.17	187.85	187.64	180.59	183.23	178.39
蔬菜及菜制品	83.91	81.40	80.95	77.45	79.47	79.02	76.48
猪肉	15.51	14.09	17.31	17.16	14.05	13.88	14.71
奶及奶制品	3.15	3.07	3.52	4.18	4.50	4.67	4.78
家禽	6.03	5.36	5.64	5.12	5.43	5.82	5.47
蛋及蛋制品	5.33	5.37	4.58	4.77	4.55	4.96	4.95
鱼类	9.11	9.06	9.75	9.46	10.02	10.01	10.04
水果	18.92	18.49	17.08	16.36	18.57	17.22	17.41

资料来源：浙江统计年鉴 2010

二、浙江省农产品供应链发展的政策环境分析

近年来，国家对物流以及农产品流通加强了政策引导和鼓励扶持，创造了良好的政治环境。2009 年 3 月国务院发布的《物流业调整与振兴规划》中，高度重视农业物流，提出："加强城乡统筹，推进农村物流工程。进一步加强农副产品批发市场建设，完善鲜活农产品储存、加工、运输和配送等冷链物流设施，提高农产品冷藏运输比例，支持发展农资和农村消费品物流配送中心。"

2010 年 9 月，国家发改委公布了《农产品冷链物流发展规划》，分析我国当前农产品冷链物流发展现状和问题基础上，提出了到 2015 年我国果蔬、肉类、水产品等农产品冷链物流发展的目标、主要任务、重点工程及保障措施。

浙江农业总产值先于全国各省区突破 1000 亿元，城乡居民人均收入位列全国各省区第一。浙江发展物流业，需要制造、商贸先行，工业与农业并重，农业物流发展的瓶颈，阻碍了浙江发展现代物流的整体速度，也阻碍了农村现代化建设步伐和农民收入的提高。近年来，政府有关部门积极出

台相关鼓励扶持政策,给浙江农产品物流发展创造有利的政治环境,提升农产品物流整体水平。

近年来浙江省农产品物流发展的主要政策如表 2-5 所示。

表 2-5 近年来浙江省农产品物流发展主要政策

颁布单位	文件名称	内容摘要	文 号
省计经委	浙江省现代物流发展纲要	积极发展专业化、社会化物流服务企业。努力推动运输、仓储、邮政、货运代理等企业向现代物流服务企业转型,积极发展农产品、医药等行业物流,加快发展第三方物流服务企业,大力引进国外优势物流服务企业,重视引导社会资源进入现代物流服务领域	浙计经贸〔2003〕16 号
省政府	关于印发浙江省服务业发展规划(2008—2012年)的通知	现代物流业。以杭州、宁波—舟山、温州、金华—义乌四大物流枢纽为重点,加强港航强省建设,深入推进宁波—舟山港口一体化,重点建设宁波梅山保税港区、杭州萧山国际机场空港物流中心以及金华—义乌、衢州等一批"内陆港"。大力引进和培育现代物流骨干企业,加强干支衔接的综合运输网络体系和适应多式联运发展的重大物流设施建设,提高国际资源整合和配置能力。重点发展港口物流和航空物流,培育发展保税物流,支持发展钢材、纺织、粮食、化工、医药、汽车等专业物流,促进都市配送物流发展。突破行业界限和地区限制,培育大型物流企业,提高行业组织化程度。加强物流标准制订和推广,加快物流信息化,加大物流新技术开发利用力度,推进大通关建设,提升现代物流水平	浙政发〔2008〕56 号
省发改委	浙江省物流业发展三年行动计划(2010—2012)	适应城乡一体化发展进程,以及"千镇连锁超市、万村放心店"工程所带动的农村物流配送需要,着力加强以农村货运站为主体的农村物流基础设施建设,加快小件快运推广工作与乡村配送物流建设,争取到 2012 年全省县市道路货运业务处理实现计算机联网,网点延伸到 60% 以上乡镇。同时,完善鲜活农产品冷藏、加工、运输和配送等物流设施,提高鲜活农产品冷藏运输比例,支持发展农资和农村消费品物流配送中心建设	浙发改经贸(2010)162 号

颁布单位	文件名称	内容摘要	文 号
省政府	关于进一步加快发展现代物流业的若干意见	研究制定我省城市物流配送管理办法,并在杭州市先行试点。推进城乡物流配送体系建设,结合实施"千镇连锁超市、万村放心店"工程,配套建设村、镇配送网络体系,发挥农村班车小件快运和农村客货运一体场站作用,保障城乡物流配送的安全、环保、节约和通畅	浙政发〔2008〕64 号
省交通运输厅、省物价局	关于进一步完善我省收费公路鲜活农产品运输绿色通道政策的通知	认真落实《国务院关于稳定消费价格总水平 保障群众基本生活的通知》(国发〔2010〕40 号),进一步完善我省收费公路鲜活农产品运输绿色通道政策	浙交〔2010〕267 号
省政府	关于促进农民专业合作社提升发展的意见	对农民专业合作社运输鲜活农产品的车辆,按规定享受国家和省绿色通道政策	浙政发〔2010〕48 号
省政府办公厅	关于促进农资连锁经营网络建设的若干意见	加快推进农资连锁经营网络建设;积极推进规范连锁和集中配送;提高农资商品配送效率	浙政办发〔2007〕58 号
省财政厅、省商务厅	浙江省农村物流服务体系发展专项资金使用管理操作办法	对用于支持"万村千乡市场工程"、"双百市场工程"、家电下乡和汽车摩托车下乡产品流通网络建设项目的资金等农村物流服务体系发展专项资金管理办法	浙财企字〔2009〕259 号
省政府	浙江省粮食流通管理条例实施细则	本省从事粮食的收购、销售、储存、运输、加工、进出口等经营活动遵守的实施细则	浙政发〔2004〕23 号

三、浙江省农产品供应链发展的社会环境分析

浙江经济自改革开放以来一直趋于平稳快速发展,为农产品供应链整体发展提供良好的生存环境。随着浙江基础建设不断完善,信息与技术装备不断改进,物流教育与人才培养进一步发展,为农产品供应链发展提供

了良好的社会环境。

(一)交通基础设施不断完善,运输量提升

农产品供应链发展需要依托交通运输基础建设,近年来,浙江物流基础设施建设发展迅速,政府加大对交通运输行业的投资力度,交通运输业发展迅速,形成了便捷、通畅、安全、高效的综合交通运输网络体系。

2003—2009 年浙江省运输路线长度、交通货运量和货物周转量以及规模以上交通运输、仓储业、邮政业投资和新增固定资产分别如表 2-6 至表 2-8 所示。

表 2-6　浙江省运输路线长度　　　　　　　　　　（单位:千米）

指　　标	2003 年	2004 年	2005 年	2006 年	2007 年	2008 年	2009 年
铁路线路长度	1212	1212	1255	1265	1306	1306	1665
公路通车里程	46193	46935	48600	95310	99812	103652	106942
内河通航里程	10539	9893	9652	9652	9667	9695	9704
民用航空航线(条)	174	149	173	203	188	166	206

资料来源:浙江统计年鉴 2010

表 2-7　浙江省交通货运量和货物周转量

年　份	货运量合计(万吨)	铁路(万吨)	公路(万吨)	水运(万吨)	货物周转量合计(亿吨千米)	铁路(亿吨千米)	公路(亿吨千米)	水运(亿吨千米)
2003	103163	2658	70907	29598	2047.48	252.92	313.70	1480.86
2004	117298	2887	78540	35871	2701.48	288.22	353.62	2059.64
2005	126176	2960	81448	41768	3416.90	282.85	372.66	2761.39
2006	140095	3231	89342	47522	4363.71	300.74	431.07	3631.9
2007	153318	3447	98742	51129	4962.38	336.06	493.64	4132.68
2008	146637	3398	91625	51614	5476.25	339.74	1114.50	4022.01
2009	151239	3435	95802	52002	5659.78	323.30	1188.70	4147.78

资料来源:浙江统计年鉴 2010

表 2-8 浙江省规模以上交通运输、仓储业、邮政业投资和新增固定资产

行 业	投资额（万元）		新增固定资产（万元）		固定资产交付使用率（%）	
	2008 年	2009 年	2008 年	2009 年	2008 年	2009 年
交通运输、仓储和邮政业	7408014	9796338	5369486	7617176	72.5	77.8
铁路运输业	481509	1275594	106416	1567721	22.1	122.9
道路运输业	3477162	4425306	3778723	3418847	108.7	77.3
城市公共交通业	594405	954096	107039	46413	18.0	4.9
水上运输业	1654103	2217016	1230181	1387270	74.4	62.6
航空运输业	184825	169478	37280	60014	20.2	35.4
管道运输业	21313	19258	1793	16708	8.4	86.8
装卸搬运与和其他运输服务业	3815	44747	960	19455	25.2	43.5
仓储业	976688	668172	102567	1073982	10.5	160.7
邮政业	14194	22671	4527	26766	31.9	118.1

资料来源：浙江统计年鉴 2010

（二）物流企业迅速成长，物流园区建设步伐加快

农产品供应链的发展需依托物流企业的成长与壮大。浙江物流企业近年来逐步发展，2009 年底全省物流法人单位约有 1 万家，主营业务收入总额达到 1000 多亿元。物流企业成长迅速，规模不断扩大，涌现了一批在全国具有龙头地位或示范性的企业。在全国 519 家 3A 级以上物流企业中，浙江省共有 86 家，占全国总数的 16.57%，名列各省（市、区）第一位。物流企业经营业务领域逐步拓展，越来越多的企业从原来只能提供单一的运输仓储服务向全方位、多层次、一体化服务转变，公路港物流、"无水港"物流、物流金融、物流总包等新业务模式层出不穷。但从物流企业总体结构看，从事传统装卸、储存、运输服务的企业依然很多，"小、散、乱"现象仍然存在。近年来，浙江省内物流园区正在加快建设，传化物流基地和义乌国际物流中心等一批物流园区和物流中心建设示范作用凸显。根据规划，至 2020 年浙江省物流业将建设 100 个物流中心，服务于浙江省 30 个产业集群和 70 多个交易量在 100 亿元以上的商品市场；建设 1000 个配送中心，

为各级城市配送以及为工业生产提供配送服务。

(三)物流技术设备、物流信息化建设得到快速发展

浙江省物流业、制造业、仓储业的迅速发展,直接带动了省内叉车、托盘、货架等基础技术装备行业产量提升。为加快现代物流自动化、机械化发展步伐,浙江制造业加强与物流企业、物流中心合作,对物流中心进行机械化、自动化改造,推动物流企业技术装备升级,自动化仓库建设步伐加快。省内汽车、家电、食品、烟草、医药行业龙头企业和重点企业的物流自动化建设需求旺盛。表 2-9 所示为浙江省内规模以上行业企业工业总产值。

表 2-9　浙江省内规模以上行业企业工业总产值　　　（单位:亿元）

行　业	2006 年	2007 年	2008 年	2009 年
通用设备制造业	2000.70	2584.46	2974.16	2835.68
专用设备制造业	664.52	875.07	941.98	994.07
交通运输设备制造业	1659.37	2145.07	2624.49	2880.90
电器机械及器材制造业	2333.31	3074.70	3668.19	3727.49

资料来源:浙江统计年鉴 2010

现代物流业以信息化为重要基础,近年来浙江省物流业发展对信息技术的投入力度加大,物流信息化程度日益提升。为推进信息化与工业化融合发展,浙江省相关部门对浙江省内 21 个产业集群示范区及 146 家龙头企业信息化进行调研,为"两化融合"规划制定、政策配套及评估体系提供决策依据。同时,贯彻国家有关在 5 年内全面实现电信网、广播电视网和互联网"三网融合"的决定,浙江省也在积极加快推进浙江省三网融合,浙江省对信息基础设施建设的投入不断加大,推动信息产业发展。浙江企业的信息化意识也在不断增强。

(四)物流技术人才教育与培训逐步兴起与发展

我国物流教育起步较晚,但发展迅速。到 2010 年全国已经有 208 所本科院校、近 600 所高等职业学校和 1000 所中等专业学校开设物流专业,在校生突破 70 万人。浙江省的物流学历教育大多是从 2003 年左右开始的,随着物流市场人才需求的不断加大,正在逐步发展中。从 2007 年开始有

大批物流人才走向社会,目前全省约 40 所左右的高校开设有物流管理相关专业。教育部物流类专业教学指导委员会组织制订了《物流工程专业教学指导方案》和《物流管理专业教学指导方案》,这两个方案的制订对扩大物流人才教育规模和提高总体水平将起到很大的促进作用。近年来为满足物流企业人才需求和技能要求,广泛开展了物流职业培训,浙江省自 2003 年以来,已有近万人参加了物流师职业资格培训与认证并通过全国统一考试取得高级物流师、物流师或助理物流师等资格证书。

四、浙江农业产业集群现状

产业集群已经成为当代经济的一个重要现象,在浙江尤为突出。20 世纪 80 年代中期以来,在市场机制作用下,以乡镇企业为基础的产业集群呈现勃勃生机,并日益显示出较强的竞争力。据统计,浙江地区自改革开放以来,年销售亿元以上商品交易市场摊位数超 39 万个,其中超 10 亿元的市场 60 余个,市场网络带动了专业化产业集群的发展。新农村建设的核心问题是提高农民收入,发展农业产业集群是全面提高农村经济竞争力的有效途径。产业集群能有效实现企业合作,增强农业企业创新能力,从而促进农村经济发展。目前,浙江各地特色农业产业集群蓬勃发展,其中,对水产品、蔬菜瓜类、笋竹、茶叶、干鲜果、蚕茧、花卉苗木、双低油菜、食用菌、畜产品、中药材等 11 种特色优势农产品实行重点扶持建设。浙江省特色农产品区域布局如表 2-10 所示。

表 2-10　浙江省特色农产品区域布局

农产品	重点发展	优势区域
水产品	大黄鱼、珍珠、龟鳖、海水蟹、对虾和泥蚶等优势品种	浙东南沿海海水产品优势产区,以及杭嘉湖和宁绍、金衢淡水产品优势产区
蔬菜瓜类	大力发展无公害蔬菜、有机蔬菜、高山蔬菜、水生蔬菜和蔬菜保鲜加工业,加快形成专业化的生产基地	浙北—浙东南沿海鲜菜和加工、出口蔬菜产业带,西部和中南部高山蔬菜、特色蔬菜产区

农产品	重点发展	优势区域
笋竹	以低产毛竹林改造为重点，以菜竹笋无公害栽培为突破口，根据立地条件适当扩大栽培面积，推广"一竹三笋"、设施栽培、定向栽培等技术，提高集约经营水平，提高竹笋的品质和竹林单位面积的效益	以浙北的安吉、浙西的龙游和衢江、浙南的龙泉及浙东的四明山区为区域中心的各具优势的毛竹重点产区；以临安、德清为重点的早竹笋产区；以平阳、苍南为中心的浙南绿竹（马蹄笋）生产基地
茶叶	加强名优茶开发，进一步优化品种、品质和品牌，推进茶叶产业升级，巩固我省茶叶生产、加工、出口在国内的领先地位	浙西产区利用生态环境优越的优势，重点发展名优茶、有机茶和出口眉茶；浙东产区利用规模大、产业化程度高的优势，重点扶持和发展名优茶、珠茶和外向型出口加工企业；浙南产区利用气候回暖早和自然环境污染少的优势，重点扶持特早名优茶、有机茶和高山优质绿茶
干鲜果	调整品种结构，巩固柑桔，积极发展杨梅、早熟梨、山核桃、香榧等特色干鲜果	柑桔：建设浙东南温州蜜柑产区，重点在临海、黄岩、温岭、三门、象山、宁海、乐清、瓯海等8个县（市、区）；浙西南椪柑产区，重点在柯城、衢江、龙游、莲都等4个县（区）。柚类和杂柑生产基地，主要在玉环、苍南、常山等3个县 杨梅：主要布局在黄岩、临海、仙居、青田、余姚、慈溪、瓯海、永嘉、瑞安、定海等10个县（市、区） 梨：主要布局在慈溪、余姚、仙居、桐庐、义乌、东阳、松阳等7个县（市） 山核桃：重点建立以临安市昌化为中心，辐射淳安、安吉、桐庐等地的天目山脉山核桃主产区 香榧：重点建立诸暨、东阳、嵊州等地的会稽山脉香榧主产区

农产品	重点发展	优势区域
食用菌	稳定木腐菌,发展草腐菌,开发珍稀菇;建设省级和区域性香菇、蘑菇和金针菇菌种繁育基地,研发新型菌种培育技术,推广节木型生产,促进食用菌生产从数量耗能型向质量效益型转变,提高产品的品质和产量;加快发展菇木林,培育配合培养料专业化生产,加强产后保鲜加工和珍稀菇生产基地建设	浙西南庆元、龙泉、景宁、松阳、云和、缙云、磐安、武义等8个县(市)的香菇、黑木耳产区;浙西江山、常山、开化等县(市)的金针菇产区;浙南(苍南、平阳等)和浙北(嘉善、平湖等)两大蘑菇产区
畜产品	加大优质猪、优质家禽、湖羊、良种奶牛的育种繁育和推广力度,发展"桔园、竹园、桑园、茶园"等园地鸡,主攻生猪屠宰及肉制品的加工外销	优质猪:沪—杭—甬、杭—金—衢铁路沿线和东南沿海地区优质猪生产带 优质禽:浙东、浙西南的肉鹅带和"桔园、竹园、桑园、茶园"放养鸡标准化生产基地 湖羊:主要布局在嘉湖地区的桐乡、海宁、秀州、吴兴、南浔等5个县(市、区) 奶牛:重点建设杭、宁、温城郊型现代化奶源基地,高速公路沿线的婺城、金东、椒江、黄岩等4个经济发达县(市、区)的奶业产区,新建杭州湾海涂和长兴等浙西北奶业生产带 蜂:主要建设江山、慈溪、兰溪、桐庐等县(市、区)优质蜂产品生产基地

近年来,浙江农村发展农业产业集群获得可喜成果。以浙江磐安茶叶产业集群为例,特级磐安云峰茶茶青收购价维持在每千克 100~160 元,特级磐安云峰茶的销售价每千克 1600 元,比 2007 年翻了一番,农民的收入和企业的效益都得到了提高。这是在打出"磐安云峰"新品牌后,磐安茶叶产业集群效益初步显现带来的可喜变化。产业集群实际上是某种产品的加工深度和产业链的延伸,是产业结构的调整和优化升级。产业集群具有地域化集聚、专业化分工、社会化协作等特点。这一特点在磐安茶叶的发展过程中得到了充分体现。磐安茶叶产业曾一度存在散、乱、小现象。仅茶叶品牌,全县就有 30 多个,但在全省、全国有影响力的几乎没有。2007 年,为改变这一局面,磐安开始了茶叶产业的整合,并推出了共有品牌"磐安云峰"。经过一年多的发展,磐安目前已经形成了以农发、大伟、山越等大企

业和茶场为龙头,农业专业合作社连接众多茶叶种植户的格局。由于统一了生产标准,茶叶档次有了很大提升。

目前,浙江农业产业集群在发展中也出现了一些问题,主要有如下几点:

第一,农业产业集群易被复制,农户与企业合作关系不稳定。由于农业技术开发与当地环境有效结合,影响技术在农产品集群中的积累和创新,使得集群本身容易产生迁移。农产品由于专有性高,生产周期长,生产关系柔性差,对市场需求变化反应滞后,导致农户与农产品加工、销售企业之间难以保持长期稳定的合作关系,交易成本高,成为阻碍农业产业集群发展的一大障碍。

第二,农村合作社组织薄弱,制度保障不完善。目前浙江省农村专业合作社、协会等中介组织发展滞后,农业生产和加工企业缺少相关市场、技术开发和农产品生产方面的标准,影响产业集群内企业无序竞争和农产品本身缺陷。此外,农户与农村合作社、农产品企业间利益分配机制未能充分有效建立,农户注重短期收益与农业龙头企业投资周期长之间的矛盾,成为制约持续产业化经营的瓶颈。这些都制约农业产业集群进一步发展。

第三,农业关联性产业无法持续发展,农业产业集群基础薄弱。产业集群竞争优势来源于集群内部成员之间的紧密合作与协同效益,且成员企业之间的产业联系是系统效益的基础。但是目前浙江省乃至全国都处于传统农业技术与现代农业技术并存阶段,农户无需任何主体帮助也可以完成农产品生产过程,绝大多数农产品无需加工直接进入消费市场。这种状况导致农业对其产业依赖性可强可弱,农业关联性产业不能持续发展,丧失了农业产业集群化发展的基础。

第二节　基于产业集群的浙江农产品供应链模式分析

根据调研,我们将浙江的农产品供应链模式归纳为以下四种。

一、以农民专业合作社为中心的农产品供应链模式

目前,浙江省农产品生产主体以分散农户为主,由于人力、资金、设备等限制,无法抵御来自市场竞争带来的风险。以产业集群为纽带,通过契约或中介组织采用规模化、专业化生产方式,让农产品从生产基地直接通过主渠道进入销地市场,降低交易成本和物流成本,从而提高农民收入和物流效率。

建立农业合作社大致可以通过三种途径:①农民自发型。如浙江省临海市洞林果蔬合作社的成立就是由柑橘、蔬菜种植、营销大户王顺海等18名农民自愿发起联合,在各级党委、政府和有关部门的支持下成立的。②政府推动型。即由政府部门牵头,通过发动农民、选举理事等一系列形式成立合作组织。这类组织行政色彩浓,农民主动性相对低。③民办官助型。即由农民发起,借助政府力量,而非政府主导。如浙江长兴林城镇养鸭协会是由养鸭大户杨大元提出,得到了镇政府的支持,筹备工作由镇政府包办。

农业合作社通过将农产品从农民手中回收,统一配送至加工企业或流通组织,在一定程度上提高了农产品物流的规模,提高了物流效率,降低了物流成本。该模式的主要特点表现在:①交易环节少,交易成本低。特色农产品合作组织实现了农户与外界市场的直接对接,减少了流通环节。②有利于实现规模效益。由于合作组织负责采购、仓储、运输等,降低了物流成本。③及时掌握市场信息,农业合作社配有专业信息技术人员,有利于信息传递,能使农户根据市场信息变化调整生产经营活动。④增加农民收入。合作社提高了与经销商的谈判能力,甚至直接与连锁零售商交易,既可增加农户收入,又可降低特色农产品价格。

根据浙江省农业厅公布的资料,2009年,桐庐县阳山畈蜜桃专业合作社、奉化市雪窦山茶叶专业合作社、长兴三河葡萄专业合作社、德清县雷甸镇国兴瓜菜专业合作社、嘉兴市秀州区洪合水果专业合作社、嘉善魏塘益农西甜瓜专业合作社、桐乡市董家茭白专业合作社、桐乡市坝桥养鸭专业合作社、嘉兴市新奇特果蔬专业合作社、绍兴县会稽龙井茶专业合作社、衢州市柯城区兴航柑桔专业合作社、衢州市柯城草香园农产品专业合作社、

温岭市滨海葡萄专业合作社、台州市路桥超藤葡萄专业合作社、三门市沈园西瓜专业合作社、台州市黄岩宁溪红茄专业合作社、临海市兴农果蔬专业合作社、温岭市兴合禽业专业合作社、台州市黄岩甜乐甘蔗专业合作社、舟山市普陀区展茅林地鸡专业合作社等20家农民专业合作社的产品获浙江名牌农产品,占全省2009年认定浙江名牌农产品总数的31.7%。这说明,农业合作社在农产品供应链中起着较为重要的作用。

二、以农产品批发市场为中心的农产品供应链模式

基于产业集群的农产品批发市场建设主要是基于两个层次建立和发展起来的:一是作为农产品集散地,分布在农村的产地批发市场,其主要功能是为农产品生产者和中介组织建立交易平台;二是作为农产品批发零售地,分布在城市的销地批发市场,其功能是为农产品批发商、分销商和零售商建立一个交易平台。[1]

这种模式的主要特点是:①交易环节多,交易成本高。由于农产品从农民到消费者手中要经过批发中心等中间环节,转换成本高。②扩大农产品交易范围。中介组织为实现利益最大化,需要不断开辟市场,扩大各地农产品流通交易范围。

 [案例分析]

新型的农产品批发市场——杭州勾庄农副产品物流中心

杭州农副产品物流中心位于杭州市郊北面的余杭勾庄,占地面积402.9公顷,规划建设用地271公顷(4069亩),总建筑面积181万平方米。该中心于2009年4月28日开业,已开通从市中心直达的公交车,乘车只需40多分钟。根据杭州市政府的统一规划,原位于市区的杭州蔬菜公司、笕桥蔬菜批发市场、三里亭农副产品有限公司、杭州果品公司、杭州蔬菜公司三桥果品批发市场、市商业储备公司东新果品批发市场、杭州肉联集团鲜肉市场等7家农副产品批发市场合并组成新的农副产品物流中心。

该物流中心交通便利,设有专门的水运自备码头,有10个500吨级的泊位。紧靠着京杭大运河,吞吐量每年可达150万吨。中心内的

专用铁路线的运卸能力可达每年 50 万吨,远期目标是每年 70 万吨。这条直接汇入宣杭铁路线的专用铁路货运线,从四面八方给杭州市民运来全国各地最时新、最新鲜、最优质且价格最优的农副产品。

该物流中心分 4 大功能区 9 个专业区块,项目总投资约 60 亿元,预计年交易量可达到 480 万吨,交易额可突破 200 亿元。物流中心具有农副产品和粮食交易、仓储、加工、信息、检测、物流配送等功能,是国债支持的农副产品交易示范项目,省、市重点项目。作为新型的农产品批发市场,杭州勾庄农副产品物流中心在农产品供应链中发挥着重要的作用,对于农户、农村经纪人、农产品批发商、农产品零售商、终端消费者等供应链上的环节,它都可以直接连通,而且,它还提供了食品检测、货物配送、资金流通等配套服务。如图 2-7 所示。

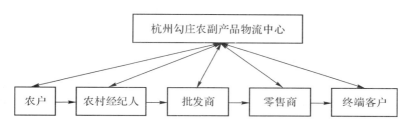

图 2-7　勾庄农副产品物流中心流程关系

具体地,可以从以下几方面分析。

一、运营模式

该物流中心作为农产品供应链上的关键一环,其运营模式与传统的农产品批发市场有所不同,主要表现在四个方面:第一,以交易信息为基础。其建立了强有力的交易信息系统,形成全国农副产品标准价格的流通信息,及时提供农副产品信息,不仅调节销售和采购数量,更使市场价格保持稳定,使生产者、消费者均获得利益保障。第二,强化农产品的安全卫生。其集中检验检疫,确保农副产品安全、质量合格、原产地清晰。不但在质量上把住"入口关",更在日常供应和预防突发事件方面实现"鲜货与滚动储备合二为一",保证供应数量上的安全。第三,实现了农副产品交易的规模化、远程化,流通的配送化。其采取措施降低各方的交易成本,并提供优质的商品服务,保证城市农副产品供应网络的日常供应,满足不断增长的客户需求。第四,便于消费者一站式购物。该物流中心集聚了包括粮油、水产、肉类、蔬菜、果品、副食品、农产品加工、仓储配送、公共配套等九大专业区块,是省内规模最大、品种最齐全的农副产品交易市场。这些交易市场以批发为主,零售为辅,消费者可以真正地实现一站式购物。

二、全面的食品安全检测追溯管理系统

2009 年 2 月 26 日,杭州市贸易局公布从当天起,杭州全面启动农产品质量安全追溯管理制度。包括超市、农贸市场,今后每一棵菜都要配备自己的"身份证"(即交易凭据)。农贸市场摊贩如果被查三次都拿不出凭据,就将面临被清场的危险。此外,如果农残超标或质量不达标,管理部门也能依据"身份证"马上找到源头。这套机制就像是给所有菜农、经销商等戴上了"紧箍咒",能对杭州市场上占 70% 的外地产蔬菜有效进行监控。

勾庄农产品物流中心投资 650 万元建立起农产品监测中心,拥有 1600 平方米的实验室,拥有气质联用仪、气相色谱仪、液相色谱仪、原子吸收光谱仪、原子荧光仪等检测设备 250 余台件。实验室能开展的检测项目接近 500 项,检测项目有农药、兽药、抗生素、激素、重金属、微生物、食品添加剂等。目前,各地来的农副产品想进入物流中心,需要通过该农副产品检验检测检疫机构。目前中心实施蔬菜全检工作,每天进场的所有产品,无论是几百吨重的大米,还是几克重的小水果都要经过检测,由专业的农产品质量检测部门工作人员驻点工作进行 24 小时不间断的抽查,为老百姓严把食品安全关。据报道,检测过的数千个批次中还没有发现真正超标的农产品。采用追溯制以来,菜农、经销商都慢慢开始自觉注重农产品质量安全问题,农产品出产地也逐渐重视起来了。

建立追溯机制,目标是从源头保证食品安全问题。当检测到蔬菜农残超标或者蔬菜质量不达标时,农贸市场菜贩可以通过凭单找到批发市场,批发市场则可以直接找到生产基地,从而确认哪个环节出现了问题。如果因零售方或市场方没有索取或出具票据,而导致追溯线索中断,将追究相关责任人。此外,对经一次提示、二次告诫后,第三次检查仍没有索取蔬菜票据的经营户,相关部门将直接禁止他们进场销售。

三、先进的电子结算系统

该物流中心采用 IC 卡电子结算系统,消费者购物刷卡就可以完成。IC 卡可凭身份证免费办理。使用 IC 卡,消费者在付款时能看到产品最高价格标准,这不仅方便了付款,更让顾客买得合理、放心。进市场,买家先办好交易结算卡,选好货品后,在市场里就近选个交易网点结算。工作人员在电脑里输入果品批号、单价和数量,电脑迅速计算出交易金额。通过交易结算卡,货款即刻就能从买家账户打入批发商的账户。这样一来,买卖双方在营业端口便能完成结算,不再需要像以往一样拿着现金去结算中心交款,少了一道工序,更省时,也更安全。据工作人员反映,以前开票、缴费至少要十几分钟,现在一个地方就可以操作完成,三五分钟就行。这样的结算网点,整个市场设置了将近 90 个。所以就算是在交易高峰时间段,每个网点也只有一两人排队。

另外,该市场对经营户不收取固定的摊位费,而是按照销售额比例收取(一般 4%,并在不同产品间微调),这对经营户而言更为公平一些。总之,方便高效的结算方式使经营户的生意起色不少。

四、完善的配套服务

与传统农产品批发市场单一的功能不同,该物流中心提供的配套服务很全。表现为:第一,商业街还设有银行、电信、邮政、餐馆、酒店、超市等服务设施,为外来客商提供金融、餐饮、休闲娱乐、商务洽谈等服务。第二,开设了临时销售区。目前,多个市场已经为季节性销售很强的农民开辟出临时销售区域。农民凭借身份证登记就可以进场销售,市场管理费与其他商户一视同仁,这样消费者零买就方便多了。第三,规模大,建设具有前瞻性。该物流中心下面的交易大厅全部采用钢结构,两柱间距 12 米,顶棚高 14 米,大货车可以自由出入。在老市场,如此庞大的货车只能直进直出,掉头都不行,一不留神就卡住了。因为大货车运输能够节约成本,苏州、台州一些二级市场的商户都赶到这里批发水果。第四,开设了电子商务业务。该物流中心搭建了电子商务平台——"天下良仓"(www. e-farm. cn)。该网站已开通并试运行,等到正式完善后,杭州市民可每天从这个网站上了解到任何一种农产品当日价格与成交量。第五,该物流中心提供了便利的交通。对消费者而言,无论坐公交车,还是自驾车,都还是比较方便的。从市中心坐公交车,所需时间40分钟左右;自驾车的话,"物流中心"的各个市场都有专门的停车位,可以解决自驾车停车问题。第六,该物流中心还建有大容量的冷库,租给商户们使用。

五、细节上的问题

可以说,无论是硬件配套,还是软件管理,该物流中心在国内都属于领先的水平。不过,在某些细节上,其还有亟待改进的地方。比如,物流中心实施的食品安全追溯管理,其实每个环节都可能出现新问题。在第一个环节,农贸市场摊主除了从良渚蔬菜批发市场进货,还可能从未进入批发市场的小菜农处进货,而这批菜农根本不能开具《交易凭单》。在农贸市场销售中,也存在混入"无证"蔬菜的可能。也许100千克青菜中,有50千克来自有交易凭单的蔬菜批发市场,而另外50千克是来自城郊的小菜农。消费者究竟买的是来自哪里的蔬菜,无法最终确认。而相关的监管,实际上很难全程跟踪。另外,诸如水果冷藏仍采用泡沫箱加冰、蔬菜基本无任何安全认证、残留农药检测标准太低、批发市场很难打造统一品牌等问题在一定程度上还是存在的。

评析

杭州勾庄农副产品物流中心作为影响杭州市农产品供应链上的关键一环,其覆盖了从农产品的生产到终端销售的所有环节。它先进的设施、较好的管理使安全、优质的农产品在杭州市场上能够顺畅地流通下去。这是一个农产品批发市场作为供应链核心企业的典型例子,它有着较强的辐射效应和带动作用。在浙江这样一个农业小省,每年有大量的外地农产品输入进来,解决好农产品的集散是关键。以勾庄物流中心为首的农产品供应链运作模式值得省内其他城市借鉴。

三、以连锁生鲜超市为中心的农产品供应链模式

随着经济发展,居民生活水平提高,工作和生活节奏加快,对方便、快捷食品的需求日益加大,客观上具备了推行农产品规模连锁经营的条件。同时,近年来无公害、标准化农产品比重不断增加,也为连锁经营进一步商品化处理、统一品牌、统一销售奠定了基础。与传统农产品销售业态相比,连锁经营在经营环境、经营理念、质量控制、管理服务等方面具有明显优势,有利于实现生产与市场有效对接,减少流通环节,降低成本。

以超市为中心的农产品物流模式属于第三方物流,其特点是:①物流效率高,成本低。通过连锁超市专业化运作,减少农产品流通中不必要的中间环节,将农产品直接从农户或产品生产企业放到零售货架。且超市把生鲜农产品加工成净菜,减少后续工作量和成本开支,生鲜本身附加值增加。②有利于订单农业推广。超市根据消费者需求与公司经营规模,对农产品直接下单,减少农业生产盲目性,且减少中间环节,使生鲜产品种类、质量、数量和价格最大限度地适应市场和消费者需求。③提高食品安全,保障产品质量。超市较之农贸市场有较优势的组织管理系统和运输配送条件,确保农产品安全和质量。且超市可以用其品牌信誉度为农产品的安全和质量担保。

联华华商超市这几年来已经与180余家优质农产品基地和合作社建立实行"对接",因此农产品采购成本降低了8%~10%。世纪联华与陕西延长县6个苹果生产合作社签定了5年的供应协议,减少了中间流通环节,使农产品价格保持稳定,不受流通大起大落,能更好地控制货源,提高品质。

四、以龙头企业为中心的农产品供应链模式

据调查,浙江省2009年销售收入500万元以上农业龙头企业2870多家,其中省级骨干农业龙头企业313家,农业产业化国家重点龙头企业42家,分别比2002年增加了1370家、290家和34家。从龙头企业的分布来看,全省县级规模以上农业龙头企业中位于浙南地区的共有524家,占总数的18.3%;位于浙西地区的共有454家,占总数的15.8%;位于浙中地区

的共有 791 家,占总数的 27.6％;位于浙东地区的共有 338 家,占总数的 11.8％;位于浙北地区的共有 763 家,占总数的 26.6％,地区间分布较为均匀。

经过几年的发展,浙江省农业龙头企业在市场竞争中,积极应对国内外市场的挑战,加快发展,企业规模和实力不断增强。截至 2008 年,浙江省已有年销售收入 1 亿元以上加工型农业龙头企业 504 家,总资产 1195.7 亿元,固定资产 508.9 亿元,销售收入 1443.6 亿元;年销售收入 5000 万至 1 亿元的加工型农业龙头企业 476 家,总资产 245.9 亿元,固定资产 102.7 亿元,销售收入 320.9 亿元。其中,313 家省级骨干农业龙头企业的资产总额 954.6 亿元,固定资产达 322.5 亿元,销售收入 1312.5 亿元,创利 78.4 亿元,上缴税收 47.9 亿元。42 家农业产业化国家重点龙头企业总资产 241.4 亿元,固定资产 77.6 亿元,销售收入 453.1 亿元,创利 11.1 亿元,上缴税收 10.1 亿元。

基于农产品集群的龙头企业模式,即"生产基地＋龙头企业＋零售连锁"的模式,以龙头企业为核心,一方面与基地建立订单关系,完成农产品的预定生产、收购过程,另一方面与流通零售商建立供求关系,按照零售商要求完成产品加工。[2]农业龙头企业具有引导生产、深化加工、服务基地、开拓市场等综合功能,并致力于促进农民增收、农业增效,在自我发展的同时,肩负带动农户和生产基地发展的重任。

这种模式的主导者是龙头企业,作为农产品供应链的一环,连接着农业初级原料生产者和最终消费者相连的农产品批发和零售企业,通过与农产品生产者签订购买合同,并对其进行技术指导和质量监督,到农产品收获时以不低于市场价的价格收购产品,然后加工出口或分销零售。物流业务通常外包给第三方物流。

这种模式的特点主要是:①产品附加值高。龙头企业通常对农产品进行深加工,提高了农产品附加值。②物流成本低。龙头公司大多借助第三方物流企业,且物流服务的质量和专业化程度高于自营模式。③信息化程度高。由于龙头企业与农户之间交流及时、通畅,并在配送过程中,第三方物流企业对信息利用程度大大提高,使得信息化较好实现。

龙头企业经过经营的不断完善和实力增强,则可向供应链一体化模式发展,承担"生产—流通—消费"一体整合的使命。[3]在生产方面,解决土地问题,雇佣农民生产,并进行技术指导;在消费方面,自行设立零售店,直接面对消费者或者国外的进口商业机构;在中间的流通过程中,建立物流中心,承载物流运输、仓储、配送等环节。

农产品供应链一体化模式的基础源于产业集群,提高生产环节的规模性和稳定性,并在各经济组织之间形成明确稳定的契约关系,改变成员间彼此的对抗。基于农产品的集约化,集合信息流、商流和物流三个基本环节,改善物流加工、包装、仓储、运输、分销等物流活动以及物流技术和物流管理,在综合管理上实现管理集约化,在产业集群上实现规模化,降低供应链成本,形成一个社会化的高效农产品物流体系。[4]

第三节 浙江省农产品供应链发展状况及存在的问题

一、浙江农产品供应链发展现状

(一)传统的流通模式占主导

根据课题组对浙江省内农户、农贸市场摊主和农副产品批发市场业主进行的有关农产品供应链的问卷调查,有关农产品流通模式方面的调研结果如下:

农户将农产品采摘下来后,大多数是自行拿到市场上去销售的(主要是农贸市场的临时摊位或是小的农贸市场),通过合作社出售或出售给中间商的比重都不算高。图2-8所示为农户出售农产品对象统计图。

而在较为规范的农贸市场,摊主的农产品则主要从农产品批发市场批发而来,直接由农户提供的并不多,直接由合作社提供的则更少。这说明,农产品的直采在浙江开展的并不充分。图2-9所示为农贸市场摊主收购农产品渠道统计图。

在各地的大型农产品批发市场里,产品的主要流向是小型批发商,比如在杭州勾庄农副产品物流中心,销给小批发商的比重占了55.3%。这说

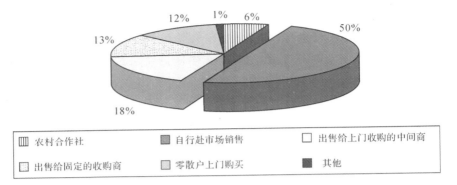

图 2-8　农户出售农产品对象统计

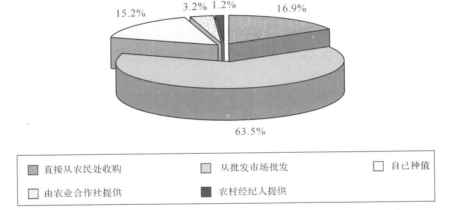

图 2-9　农贸市场摊主收购农产品渠道统计

明,大多数情况下,农产品需要经由大批发商到小批发商,再到零售商等环节,过程是比较长的。图 2-10 所示为杭州农副产品物流中心经营商户农产品销售对象统计图。

　　通过市场调查可以看到,目前浙江省内的农产品流通基本按照"生产者—产地市场—运销批发商—销地市场—零售商—消费者"的传统流通模式,规模化和集约化程度较低。这样的流通模式虽然适应农户为基本生产单位的分散的小生产经营方式,同时也适应流通领域上设施不足,缓解冷链物流技术不足的瓶颈。但是这样的流通模式不利于保障食品安全,也不利于农产品供应链的组织化、集约化和产业化,更是无法提高以降低社会

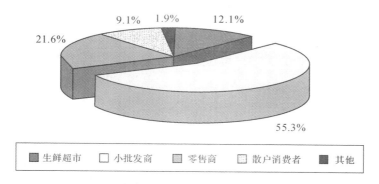

图 2-10　杭州农副产品物流中心经营商户农产品销售对象统计情况

流通成本为目的的流通组织化水平。[5]

(二)农产品流通多元主体逐步形成

农产品流动体制的改革,促进了独立的农产品市场主体的形成、农产品市场体系的发育以及政府经济调控手段的变革。[6]为适应农产品跨区域流通需要,从 20 世纪 80 年代开始,农产品批发市场逐步在集贸市场的基础上发展起来,起步较早的是蔬菜批发市场,紧接着粮食、肉类、水产等批发市场也相继建立。据不完全统计,目前已经建成年交易额 10 亿元以上的农产品批发市场 20 个、年交易额 5 亿~10 亿元的农产品批发市场 30 个、成交额超亿元的农产品批发市场 100 个;建成并投放使用 60 个农产品推广中心、20 个大型配送中心和 5 个农产品展示中心。

随着批发市场的发展,以批发市场为载体的组织体系随之发展,形成了由批发商、农民经纪人、中介流通组织、农产品加工企业组成的市场流通大军。随着农产品加工技术和农产品加工工业的不断发展,形成了一批加工能力强、经济效益好的农产品加工生产企业,这些企业不断向两头延伸,成为对农业产业链、农产品供应链有较强带动作用的龙头企业。目前,全省已经形成 1000 家以上带动农户能力强、市场开拓能力强、销售收入超千万元的加工型、外向型农业龙头企业;建成 30 个年销售收入 10 亿元以上的农产品加工基地;农产品加工率达到 50% 以上;培育一批省级以上名牌农产品;建设一支懂经营、善管理的企业家队伍。通过龙头带动,全省农户参与产业化经营的比重达到 50% 以上。

在此过程中,农业合作组织发展迅速。合作组织以农民为主体,通过资金、技术和劳动等生产要素,把农户与农户、农户与集体、农户与龙头企业、农户与涉农部门联合起来,超越地区、行业和所有制的界限,以农民为主体,渗透到生产、加工、流通等各个领域。目前,浙江省内已经建成 3000 个农民专业合作经济组织和农产品行业协会,发展会员 50 万个,省级示范性农民专业合作社和农产品行业协会 300 个,以农民专业合作社为主的农民专业合作经济组织 2500 个。

(三)市场及政府推动现代物流功能流通模式兴起

20 世纪 80 年代中后期,通过对农产品流通体制改革,农产品交易市场化,形成以批发市场为枢纽,城乡集贸市场为终端,以农民、个体商户为主体的农产品流通体系。

随着市场带动促进产业发展,政府推动加强产业集聚,有力地促进了区域优势农产品产业带的形成和发展。在现代物流迅猛发展背景下,以物流配送为中心、连锁超市及生鲜专业店为末端,以大量加工企业快速发展为背景的新型现代农产品流通形式开始逐步发展起来,特别是在杭、甬、温等中心城市发展势头迅猛。在市场及政府政策引导下,推动现代物流模式形成。近年来,浙江重点改造和培育一批农产品专业批发市场,建立农产品展示展销平台,大力推进连锁经营、物流配送等现代营销方式,建设和发展新型流通业态,积极培育各类农产品营销大户,加快建设立足本省、面向上海、辐射全国的农产品物流体系,逐步在全省建立布局合理、产销结合、统一有序的农产品市场网络。为适应城市农业的发展,构建超市与生产者之间的纽带和桥梁,建设完善 60 个农产品推广中心、20 个大型配送中心和 5 个农产品展示中心,组建省农产品网上交易中心和会展服务中心,构建省农博会等各类营销平台。此外,还加大浙江农业对外宣传力度,积极赴国外、境外展示我省优势农产品,拓展国外市场,扩大农产品出口。

通过政府政策引导,企业自主建设,构建与国际市场接轨的农产品现代物流流通体系。同时伴随着物流技术、信息化技术不断进步,运输、储存、包装、装卸、搬运、流通加工、配送等物流技术得到开发和整合,推动农产品流通逐渐向现代物流方向发展。

(四)农产品质量安全全面推进

农产品质量安全保障体系是以农业标准体系、检验检测体系、认证体系为基础,通过政府管理、公共服务和市场引导等途径,对农产品从产地环境、投入品、生产过程、加工储运到市场准入的全程质量安全控制的基础支撑体系。

现阶段,浙江省正在重点突出建设农业标准体系、农产品质量检验检测体系、农产品质量安全认证体系。

1.结合全省特色优势农产品生产基地建设,加强各类原料型标准化生产基地、无公害鲜活农产品标准化生产基地、出口农产品标准化生产基地建设。通过示范和辐射带动,全省建立各类农产品省级标准化示范区 100个。主要围绕优良品种、产地环境、农业投入品的选用和准入、生产过程控制、产品市场准入等方面进行标准化综合示范。在综合示范的基础上,实行生产过程记录制度、市场准入制度和产品质量追溯制度,实现农产品标准化生产和全程质量监控。积极组织开展出口优势农产品的采标试点和应用示范工作,提高采用国际标准、国外先进标准的意识和标准化工作水平。目前已经在蔬菜、食用菌、茶叶、蜂产品等四大行业,形成若干采用国际标准和国外先进标准的示范区。

2.浙江省依据统筹规划、合理布局、整合资源、重点扶持的原则,已经逐步建立起以省农产品、畜产品质检机构为龙头,8 个市级农产品、7 个市级畜产品质检机构为中心,48 个县(市、区)农产品质检机构为骨干,大宗农产品主产区、无公害农产品基地、大中型农产品批发市场质检站(点)为依托,覆盖全省的农产品质量检测体系。

3.浙江省积极建立产品质量认证与管理体系认证为主的农产品质量安全认定认证体系。积极开展无公害农产品产地认定,组织推荐无公害农产品认证,鼓励推荐绿色食品、有机食品认证。建立农产品质量管理体系,积极推进农产品生产、加工企业开展质量认证体系建设,开展 GAP(农业良好操作规范)、HACCP(危害分析关键控制点技术)、ISO 9001(质量管理和质量保证体系)、ISO 14000(环境管理和环境保证体系)等质量体系认证。加强转基因产品标识认定,扩大认证认可覆盖面。

二、影响浙江农产品供应链发展的制约因素

(一)农户分散经营,农村合作社组织化程度低

虽然浙江省农业从业人数占比大,但是多数农户生产经营采取单户经营为主的形式,缺乏规模效益。目前,浙江农村农业生产人口约 653.55 万人,农业从业人员占比 55.32%,人均耕地 0.38 公顷左右,户均耕地 1 公顷以上的仅占 0.45%。农业生产资料,如种子、化肥、农药和农机设备的采购,以及农产品的销售多为分散方式。这种分散采购和销售的方式具有盲目性,导致设备利用率低,生产要素供应时间长而不稳定,很难适应经济发展需要和人们消费需求质量的提高。

浙江农业小农户的分散经营方式,造成对农产品物流发展的制约。目前浙江省面临小农户与大市场的矛盾,农业生产以一家一户为单位,生产规模小,组织化程度低。研究表明,60%~70%甚至更高比重的农户自己解决农产品运销问题,且单个农户与市场之间缺乏有效连接机制,生产和流通没有形成规模效益。

浙江省内鼓励农户加入农村合作组织,且农村合作社已经初具规模,但是农户对农村合作社的了解程度和加入的积极性有待提升。图 2-11 所示是通过市场调查了解到的浙江农户对农村合作组织的了解情况。

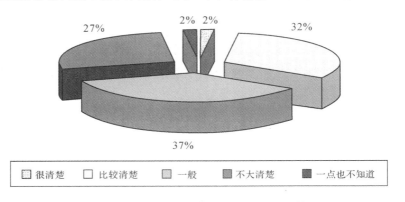

27%   2% 2%   32%

37%

| □ 很清楚 | □ 比较清楚 | □ 一般 | ■ 不大清楚 | ■ 一点也不知道 |

图 2-11　浙江农户对农村合作组织的了解情况

(二)农产品物流中心服务功能不强,农产品增值程度低

浙江省农业生产方式仍以一家一户小生产为基础,组织化程度低,农民呈无组织分散状态进入市场,缺乏竞争力和自我保护能力,分散的经营方式与要求专业化分工的现代物流体系不相容。目前,浙江省内农产品市场中介组织仍处于发展培育阶段,服务功能不强,统一作业服务种类有限,产前的信息指导,产后的流通加工、储藏、运输、包装、分拣、配送等服务还没完全开展起来,为农产品供需双方提供完整意义的第三方物流服务企业很少,物流集约化和社会化程度很低。

由于现代农产品物流发展仍处于初级发展阶段,在农产品市场与生产对接过程中呈现经营规模小、市场份额少、服务功能单一、竞争能力弱、融资能力差、货源不稳定且结构单一、网络分散、经营秩序不规范等状况,从而影响了整体农产品物流规模化、集约化发展,使得农产品物流出现作业分散、专业化程度不高等现状。[7]

我们在对杭州勾庄农副产品物流配送中心做的市场调研中发现,目前配送中心对保持农产品质量的增值服务中,大多仍然采用传统的洒水及低温处理,进行包装及加工处理的比例较低。图 2-12 所示为杭州勾庄农副产品物流中心商户对农产品保质服务的调查统计。

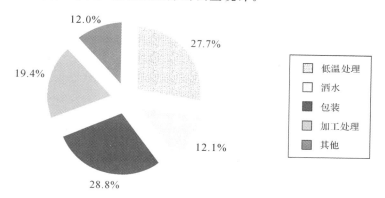

图 2-12 杭州勾庄农副产品物流中心商户对农产品保质服务调查统计

(三)生鲜超市、专卖店等销售终端未成气候,农超对接曙光初现

在浙江省人均收入较高地区,连锁超市、便利店已成为消费者日常购

物的主要场所,传统的消费习惯开始转变。根据相关调研机构调查,一方面,顾客到传统农贸市场采购鲜肉、水产品、蔬菜、水果四类商品的购买动机依次为:26%、25%、25%和14%,而其他食品和南北干杂货仅有10%。另一方面,到超市食品区或便利店采购的顾客,购买目的主要倾向于肉类生鲜品、水产品、蔬菜类产品、冷冻调理食品和水果类产品,购买动机依次为:14.5%、14%、10%、9.1%和2.1%,而其他包装食品、饮料、家庭日用品等比重则为50.3%。从以上数据中可以发现,超市和便利店通过生鲜食品、包装食品和家庭日用品的合理配置,将顾客的购买行为及趋向进行了有效的引导和转化,同时由于连锁网络的便利性和集中采购形成的价格优势,使其对大中城市传统商店及农贸市场形成了相当大的冲击,连锁企业在大中城市商品流通中的地位显著提高。

虽然生鲜超市、蔬果专业店在浙江省内发展迅速,但由于农超对接仍然处于试点阶段,农产品在超市销售比重较之发达国家仍处于低级水平(两者的比较见表2-11),农超对接还面临着不少困难。

表 2-11　中国农产品物流与发达国家农产品物流比较

	物流成本占总成本比重	物流环节损耗率	加工比重	加工增值	超市连锁经营销售比重
发达国家	10%	粮食:5% 蔬果:1%~5%	80%	1:3~1:4	80%~95%
中国	粮食:40% 蔬果:60%	粮食:15% 蔬果:25%~30%	10%	1.0:1.8	不足30%

数据来源:中国物流与采购联合会

浙江省内超市经营中,由于经营者对生鲜产品营运认识不到位;超市与农户间在规模、资金、经营方式和组织化等方面差异大;超市生鲜经营较之农贸市场税收负担重;超市经营农产品缺乏长期规划;对生鲜经营投入大、收益少,经营成本高;生鲜配送要求高,配送技术落后;农户与超市利益对接机制不完善;标准化体系不全等众多因素,制约着生鲜超市的持续性发展。

(四)农产品供应链各环节物流设施和物流技术落后

首先,由于农产品多为鲜活易腐货物,运输量大,对运输设备要求高,需要大量的专用运输工具。但目前浙江省内农产品专用工具缺乏,农产品运输技术相对落后,现代化的集装箱、散装运输发展不快,高效专用运输车辆少,农产品运输主要靠中型卡车,能耗大,容量不足,且损耗严重。在农村运力中,机动力仅占 40% 左右,且以拖拉机为主。且从内陆运输到海上运输、从汽车运输到火车运输的多式联运交通网络尚未形成,关卡收费无形中增加了运输成本,加大了农产品经营风险。

其次,农产品的存储条件差,机械设备水平低,分布不合理,专用、特种(如低温库、冷藏库、立体仓库)仓库严重短缺,农产品简易仓库储藏和混藏、分散储藏甚至露天堆放问题突出,损失率达到 8%~10%,高的甚至达15%,且增加了农产品统一管理和调度的困难。

再次,农产品装卸搬运能力机械化水平低。据研究资料表明,鲜活农产品运输成本在总成本中所占比重高达 60%,大大降低了农产品市场竞争力。

最后,农产品深加工和加工水平低。目前我省农产品以初级产品形式进入流通,产品附加值收益流入了其他流通环节,影响了农民收入,挫伤了农民积极性。农产品加工水平偏低,大多数加工企业规模小,生产经营成本高,技术装备落后。多数鲜活农产品物流处于发展阶段,分级、清洗、预冷、冷场运输等产后环节不重视,难以有效促进鲜活农产品物流发展。目前,我省仅 1% 左右的果品经过清洗、打蜡、分级、包装后投放市场,而发达国家水果生产几乎 100% 进行采后商品化处理。肉类深加工产品仅占不到肉类消费量的 10%,综合利用、产品包装、质量和技术含量处于低层次;乳制品加工转化率仅为发达国家的 20% 左右,蛋制品品种单一,加工转化程度仅为 0.25%,远低于发达国家 15%~20% 的水平。

根据我们对农贸市场、物流配送中心的调研数据显示,在物流过程中,农产品损耗严重。在农贸市场(即农产品零售市场)60% 以上的经营户反映,物流过程中农产品损耗占到总价值的 20% 以上。具体如图 2-13 所示。

即使在农产品养护做得比较好的上游环节,比如大型农产品批发市场,损耗也是比较厉害的。以杭州勾庄农副产品物流中心为例,近 60% 的经营户认为农产品损耗比率在 10% 以上。如图 2-14 所示。

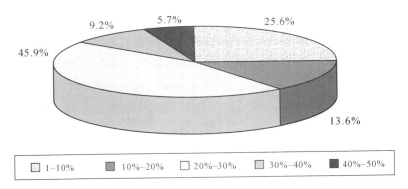

图 2-13　农贸市场经营户从采购到销售过程中农产品损耗率情况统计

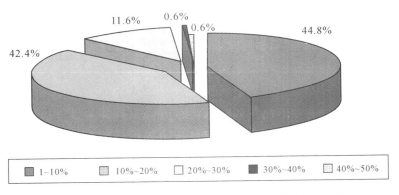

图 2-14　杭州勾庄农产品物流中心商户经营农产品损耗率统计

(五)农产品供应链信息化程度低

浙江省近年来大力实施农业信息服务工程,建立农业和农村基本情况、农业科技、农业政策法规、农业企业和农产品市场、价格行情等各类数据库,实现数据库信息共享。抓好中国农产品网上推介(促销)交易平台建设试点等工作,组织我省国家级、省级农业龙头企业上网推介(促销)农产品。目前已经发展万个农村信息服务店和万名农村信息员队伍,重点在农产品批发市场、农业龙头企业、农村专业合作经济组织、重点村和种养大户等经济主体中建立农村信息服务点,使农业信息进入千家万户,并制定了相应的农业信息服务制度。通过"抓队伍,抓资源,抓窗口,抓延伸,抓龙头",基本建立起覆盖省、市、县、大多数乡镇以及有条件的农业经济主体的农业信息服务网络,形成采集、加工、发布、服务于一体的农业信息服务体系。

但总体而言,浙江省信息化程度仍处于较低水平,严重影响了农产品的运输、储存和农用物资的及时供应,成为制约我省农村物流发展的重要因素。其主要表现在以下几个方面。

1.农民上网用户比例低,农业电子商务规模小。虽然浙江省77.4%的村能用 ADSL、LAN 等宽带方式上网,但是从事与农业相关职业的网民所占比例不足1%,绝大部分是农业管理和技术人员,真正上网的农民几乎可以忽略不计。与其他产业相比,农业电子商务规模小,通过网络购买农产品资料的农户不足0.12%,通过互联网出售农产品的农户不足0.15%。农户由于受到文化程度制约,半数以上的人不懂计算机或网络,而使得上网普及率极低。在农产品批发市场上70%以上采用传统交易方式,仅不到10%农村批发市场采用电子商务交易技术。

2.农产品信息网站缺乏专业性与实用性。目前浙江省主要农产品信息网站均由政府建立,如浙江省农业厅建设的浙江农业信息网、万村联网工程(提供农村基层组织、农业企业、农家乐上网的实事工程,它依托网站集群设计技术,按主体角色的不同,分为新农村、农业企业、农家乐三个模板,为需要建立网站的行政村、农业企业、农家乐等单位或个人提供自助建站服务)、网上农博会等农产品信息网站。但由于制作单位利益和数据保密问题,很多数据不能充分发挥作用,缺乏大型实用数据库,真正能指导农民生产、适合农民的信息较少,且缺乏对农产品市场需求的评价或预测。

(六)农产品质量标准化不完善,检验检测和质量安全评估体系不健全

随着居民生活水平的提高,对农产品质量和食品安全提出了更高的要求。虽然浙江省近年来不断加大对农产品质量安全保障体系的建设力度,但是农产品质量标准不完善仍然是制约农产品物流发展的因素之一。其主要表现在:

1.农产品标准混乱。国家、行业、地方、企业等多头标准组成我省食品安全标准体系,存在标准混乱、分散交叉、缺乏协调等问题,使得企业、消费者混淆不清,多头管理、交叉冲突是常态。

　　2.食品质量检测标准不统一,检测体系不健全。食品标准不统一是困扰生产者、执法者、消费者的一大难题。且检测方法不统一导致不同检测结果。另外,由于检测体系不健全,许多市场、企业自建检测中心,具有社会服务功能的质量检测机构相对较少且服务不到位,造成各部门检测资源无法共享,检测技术落后。

参考文献

[1]韩耀,杨俊涛.论批发商主导型农产品供应链联盟[J].北京工商大学学报(社会科学版),2010(5).

[2]尹成杰.新阶段农业产业集群发展及其思考[J].农业经济问题,2006(3).

[3]刘君.农业产业化与农业产业集群发展的互动关系研究[J].农业经济,2009(8).

[4]高升,洪艳.国外农业产业集群发展的特点与启示[J].湖南农业大学学报(社会科学版),2010(4).

[5]刘伟华,刘彦平等.绿色农产品供应链封闭化改选方法及其实践研究[J].软科学,2010(4).

[6]张敏.农产品供应链组织模式与农产品质量安全[J].农村经济,2010(8).

[7]黄海平,龚新蜀,黄宝连.基于专业化分工的农业产业集群竞争优势研究[J].农业经济问题,2010(4).

第三章　农产品供应链体系的构建

　　所谓供应链,是指围绕核心企业,基于产品的生产和实现流程,通过对信息流、物流、资金流的控制,形成的包括供应商、制造商、分销商、零售商,直到最终用户的关系网络结构(见图 3-1)。

图 3-1　供应链

　　供应链是一个范围更广的企业结构模式,它包含所有加盟的节点企业,从原材料的供应开始,经过链中不同企业的制造加工、组装、分销等过程直到最终用户。供应链由所有加盟的节点组织构成,其中一般有一个核心企业。节点企业在需求信息的驱动下和信息共享的基础上,通过供应链的职能分工与合作(生产、分销、零售等),以资金流、产品流为媒介实现整个供应链的不断增值。相应地,农产品供应链也包括这些环节,只是每一部分所涉及的内容会有所不同。具体如图 3-2 所示。

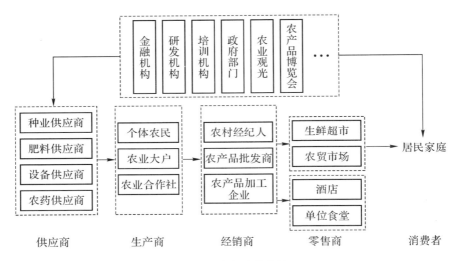

图 3-2　农产品供应链

第一节　农产品供应链的各个环节

一、农资供应商

　　农产品的供应商分为两部分:一部分是直接和农产品相关的种业供应商,另一部分是间接和农产品相关的提供肥料、农药、设施设备的供应商。目前,农产品的种业已受到相关部门的高度重视,这主要是因为国内农产品的种业与发达国家相比差距较大。比如,美国孟山都公司是农产品种业巨头,它控制了不少国家的农产品种子的提供,也就是说,这个国家的农产品生产要看孟山都公司的脸色。而且,由于控制了种业,这类公司拥有种子的提价权,可以轻易地从中获取巨额收益。而国内的种子产业前些年并未得到重视,发展较为滞后,以登海种业、隆平高科、敦煌种业等种业上市公司为首的一些种业公司提供的优良种子品种不够多,技术上还有较大差距。

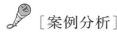

[案例分析]

国内种业供应商面临的挑战分析

一、背景介绍

据人民日报报道,外国公司已控制中国市场70%的种子来源,美国先锋公司的"先玉335"玉米仅用3年时间就迅速成为中国第三大玉米品种。以大豆为例,我国目前60%以上的大豆种子是进口的。除了大田作物中的棉花,很大一部分蔬菜和花卉的种子也是外企生产的,国外的高端蔬菜种子在我国销售额也已经达到50%以上,几乎涉及所有蔬菜作物。以山东寿光为例,寿光及周边地区蔬菜种植面积84万亩,年产蔬菜40亿千克,被誉为"中国第一菜园"。寿光蔬菜种业经历了三个阶段:20世纪90年代以前,菜农自留种子;90年代初期,选购国内科研单位种子;20世纪90年代后期,由于国内种子企业、科研院所生产不出高档种子,他们只能被迫接受国外优质高价的"洋品种"。就像寿光一样,"洋品种"逐步占据国内主要规模化蔬菜生产基地,特别是出口型蔬菜生产基地,导致国内蔬菜种子品种面临全线失守、全军覆没的困境。中国种业面临的风险在逐步加大,种业问题事关粮食安全,不容忽视。

其实,自2000年《种子法》颁布之后,中国种业开始了市场化进程。但由于国内种子企业规模较小,难以与大型外企抗衡,造成跨国公司大量涌入。这些外资企业除了严重挤压国内种子企业的生存空间,更加紧在国内进行研发布局,形成了垄断竞争的局面。

外资垄断中国种子市场后的不良后果已经显现。他们大幅提高种子价格,"天价种子"不断涌现,甚至出现了"1克种子1克金"的情况。仅在"中国第一菜园"的山东寿光及其周边地区,国外公司每年通过销售高档蔬菜种子就能拿走6亿元人民币。更值得引起关注的是,外国种子已从最初的蔬菜、花卉领域迅速扩张至粮油领域,比如"先玉335"玉米种子已完成在东北玉米主产区的扩张布局,目前已占吉林省玉米播种总面积的10%,并呈进一步扩张的趋势。

二、不利影响

我国的种子企业普遍规模较小,市场竞争力弱。跨国公司大量涌入,严重挤压了国内种子企业的生存空间,使我国种业面临巨大的威胁。一些发达国家就是利用先进的技术、雄厚的资本以及跨国公司的网络,逐渐向发展中国家渗透,占领这些国家的市场,从而控制这个国家的种子体系甚至粮食体系。

与世界主要国家相比,我国种业的市场集中度明显不足,整体实力十分薄弱。世界前10强的种业企业在世界种子贸易额中所占份额达35%,而我国前10强种业企业同期只占全球种子市场销售额的0.8%。我们目前面临的挑战和问题非常多,种子产业的竞争力比较弱。

在种业领域,跨国公司通过新产品赚取高额利润。比如以色列海泽拉公司推出的番茄种子"189"、瑞克斯旺公司推出的茄子种子"布利塔"、先正达公司推出的甜椒种子"方舟",每克都在100元上下,折算下来,一粒种子价值3毛多钱,而甜椒品种"蔓迪"更是开出了每克种子180元的天价,1克种子相当于1克铂金。

种业话语权被国外企业控制的直接结果,就是农业生产领域的利润源源不断地流失。国内百姓辛辛苦苦干活,只赚了个零头,大头都被外国企业赚去了。

三、国内外种业研发体系比较

在国外,大多是以企业为主体,由企业自己来研发新品种,然后生产、销售,形成了一条龙。如孟山都、先锋、先正达,它们都有自己庞大的研究机构,有很强的研究力量,同时投入也很大,比如将收入的10%都投入到研发当中。另外,这种一条龙的生产模式使得研究人员很快就能接收到市场反馈的信息,各个环节当中的衔接也非常顺畅,因而竞争力也比较强。

在我国,则主要是由科研机构和大学来进行新品种的研发,包括中国农业科学院,省一级的农业科学院,农业部下属的一些科研机构,还有各个农业大学,各大学内部的农业、生物专业。这些科研机构有的将自己的科研成果转让给企业去经营;有的科研机构的技术已经成熟,但是缺乏试验,所以他们与企业联合来进行大田的试验,试验成熟后由企业来进行经营、销售,利益双方根据一定的比例来进行分配;有的科研院所自己办一个种子公司,来经营种子。

与国外相比,我们现在的生产模式分割比较严重,科研机构和企业的联系还不是很密切。首先,我们在种子的研发上投入很低。我们主要靠国家的投入,科研单位、大学获得的种子科研经费主要来自国家和政府的项目,来自企业和其他方面的支持很少。其次,我们的人才容易流失。国外的企业进入中国以后,利用优厚的条件把人才都吸引了过去。另外,经济全球化也使我国种业受到国际市场的冲击。以蔬菜种子为例,农民最开始种的蔬菜种子是国产的,但是外资的种子进来以后,外企首先在我国做试验,免费提供种子给农民。当农民使用后,发现这个种子比国产的种子产量高的时候,就会开始购买国外的种子,开始的时候价钱比较低,然后逐步提价。在发现农民已经习惯用这个种子的时候,外资企业就一下子把价格提上去了,导致现在蔬菜种子方面有"一克种子一克金"的状况。

我国种子产业比较分散。目前我国有执照的种子企业有3000多家,这些企业可以研发、实验、生产、销售;还有十几万家小企业或者个体户是经营种子,进行分销。这样就形成企业很多,却没有龙头企业的现状。在我国,一家种子企业的销售额在几亿元人民币就很了不起了,因为这样的企业没几家;而跨国公司就不一样了,他们的营业额可能是几十亿美元、上百亿美元,甚至几百亿美元。因此,我国的企业就如一盘散沙,在跨国公司面前竞争力不强。

四、增强国内种业供应商实力的对策建议

(一)对国外种业公司的进入适当进行限制

一个国家农业现代化的主要标志有三点:一是农业劳动力下降到全国劳动力的20%;二是用于农业的年投资额是当年农业净产值的40%以上;三是畜牧业总产值占农业总产值的60%以上。欧盟许多国家20世纪五六十年代就达到了这一目标,而我国正处于传统农业向现代农业的转型过程中。跨国公司进来虽然可以提高我国种子产业的竞争意识,尽快与国际接轨。但是,对我们的挑战也是严峻的,敞开大门和国外大公司直接竞争是不合适的。

距今为止,印度、巴基斯坦等国仍然对其国内大田作物种子采取严格的市场准入制度,如印度就规定国外公司在合资中的股份不允许超过40%。而中国目前对此并无详细的政策规定,从而造成国内种业市场被国外公司"攻城略地"的局面。中国应出台相关政策,扶植国有种业公司,并借鉴印度等国的经验,进一步严格品种登记制度,严格控制转基因品种的销售和推广,并对关系国计民生的大田作物种子进行更严格的把关。

(二)加大技术创新投入力度

在农产品种子供应方面,技术创新是关键。我国的种业要从源头上发展,必须要提高种业创新的能力,尤其是杂交种子和生物转基因种子。这也就是说,国家和相关企业应进一步加大研发投入,因为农产品新品种研究的实验设备、实验室以及土地和人力投入都是非常大的。没有大量的资金投入,高品质的种子是难以产生的。

另外,我们要建立良好的研究体制,培养自己优秀的研发队伍,并在经营方面下大力气。我国的当务之急是形成龙头企业,只有在龙头企业的带领下,我们的种业才能够在国际竞争中取得优势。我国应该通过市场调控,促使企业间合并重组;还可以通过政府成立国有企业来领导市场;另外,除了产学研联盟之外,还可以推出一种新的方式,即用种子企业来兼并科研院所,这样就达到了科研与生产一体的效果。

(三)建立种业农业保险和风险基金

种业看起来利润很高,但其实它是弱势和高风险产业,不仅面临市场风险,而且面临疫病风险和自然风险。种业农业风险的大小和政府的行为与政策密切相关。如果政府为种业的发展提供良好的基础设施:有效的种业技术推广和服务体系、良好的宏观经济环境和国际竞争条件,那么,农业风险就能够降低和减少;反之,农业风险就无限放大。比如,欧盟在政府种业补贴的基础上在保险方面实行政策优惠模式。针对我国农业面广量大,财力不足的国情,借鉴世界各国的经验,建立农业保险保费补贴,积极发挥基层保险机构和财政机关的作用,提高农民参保率,抵御和减少农业风险损失。

(四)实现种业的产业化

现代种业市场竞争,成败的关键是能否实现产业化。浙江省种业起步较晚,但近年来发展较快,其选择的突破口就是:改变种子种苗生产的发展机制,在短期内迅速组建规范化、高起点的种业股份制企业。比如浙江的森禾公司就在种业领域取得了很好的成绩,迅速成长为浙江农业企业中领头的高新技术企业。我国市场上流行的主栽花卉三色堇种子原来全部依赖进口,年市场需求量超过 2 亿粒。森禾公司与西北一家研究机构合作,目前已有数个杂交组合通过鉴定,达到国际同类产品先进水平。同时,森禾公司依托高科技,对一些我国独有的或从国外引进的优良景观绿化植物,采用了无性系工厂化快繁技术,提高了种苗质量,迅速打开了市场。

——根据记者对清华大学博士后赵刚的访谈及相关媒体资料整理而成

二、农产品生产者

生产者指的是利用生产资料加工生产出产品的组织,农产品的生产者就是农户。在一些发达国家,比如美国,他们的农户有许多拥有自己的大农场,规模较大。而在中国,单个农户拥有的土地面积不大,规模较小,他们提供的产品量少,所需的生产资料也少,处于近似完全竞争的市场当中,几乎没有话语权,也难以融入到农产品供应链当中去。近年来兴起的农业合作社则较好地解决了这个问题,它将分散的农户有效地组织起来,统一采购生产资料、统一进行种植养殖、统一销售产品,在农产品的供应链上发挥了更大的作用。

农业合作社全称为农民专业合作社,是在农村家庭承包经营基础上,同类农产品的生产经营者或者同类农业生产经营服务的提供者、利用者,自愿联合、民主管理的互助性经济组织。其以组织成员为主要服务对象,提供农业生产资料的购买,农产品的销售、加工、运输、贮藏以及与农业生产经营有关的技术、信息等服务。农业合作社在农村流通领域撮合成交或直接组织农产品交易,迎合了农业、农村和农民(三农)的发展需求,在厂商和农民、城市和农村之间筑起金色的经济桥梁。

一般地,农业合作社分为以下几种类型。

(一)大户牵头型

由种养大户或经营能手牵头,农户以会员的身份加入,在组织内部开展产前、产中、产后系列服务,形成"农业合作社＋农户"的运行机制。

(二)龙头企业带动型

以龙头企业为依托,以生产同类产品为基础,以合同形式连接农户,与农户签订购销合同,实行保护价格的合作组织,形成"龙头企业＋农业合作社＋农户"的农业产业化运行模式。这种模式对龙头企业来说,可以减少成本,保证原料的稳定供应;对农户来讲,可以通过合作社与龙头企业对话,维护自身利益,改变对龙头企业的依附地位。[1]

以"浙绿"品牌蔬菜配送公司为例,它以蔬菜专业合作社为载体,把新品种、新技术、新标准直接输入到蔬菜种植基地和农户的"田间地头",建立无公害蔬菜生产基地,创建"浙绿"品牌农产品,从根本上去解决农民"卖难"、居民"吃难"的问题。公司在遂昌、象山、余杭整合了9家蔬菜专业合作社,参与庆元、景宁、云和、浦江等高山蔬菜基地生产,辐射带动基地面积已达2万多亩。其中,由公司领办的"杭州春溢联合蔬菜专业合作社",由余杭区内6家基础较好的蔬菜专业合作社及140多个农户参与组建,基地面积达到7000多亩,成为当地蔬菜产业发展的主要龙头。公司已建立起一支完善的从基地安排、良种提供、技术服务到产品收购、检验检测、包装加工、产品配送的农产品营销队伍。"浙绿"品牌蔬菜配送主要面向社会企事业单位食堂、餐饮服务业、超市以及农贸市场的直营摊位,通过规范化运作、标准化配送、系统化管理,确保农产品质量安全,为杭州市及周边地区提供大量放心蔬菜、优质蔬菜,已树立了良好的品牌形象及口碑。

(三)股份合作型

这种形式引入股份合作的机制,由农户自愿组合,共同出资、共同经营、共担风险、共享利益,是用产权联结建立起的紧密型专业合作组织。

农业合作社是农业发展进程中的组织制度创新。近年来,我国农业合作社虽然取得一定程度发展,但仍处于初级发展阶段,存在渠道权力偏小、资金缺乏、抗风险能力弱的问题。要真正实现农业增产、农民增收,重要任务之一是建立和强化集"农产品采购、加工、仓储、运输、销售于一体"的流通合作组织。[2]

三、农产品经销商

(一)农村经纪人

农产品生产出来以后,往往要由经销商收购,再将其销售出去。农产品经销商对农产品的流通起着很重要的作用,因为国内农民的生产规模小,单独地将农产品拿到很远的地方去卖是不划算的,而且也不利于其将重心放在农产品的生产上。这时,一些头脑活泛、有一定信息渠道的农民变身为农村经纪人,他们提供农产品的收购服务,将其销到外地谋取利益。

农村经纪人是活跃在农村经济领域以收取佣金为目的,为促成他人交易而对涉农商品及项目进行中介服务的公民、法人和其他经济组织。通俗地讲,农村经纪人又叫涉农生意中间人,是指在农村流通领域撮合成交或直接组织农产品交易的人,他迎合了农业、农村和农民(三农)的发展需求,在零售商和农民之间起着很好的连接作用。

我国有 80% 的农业人口,正是农业大国这一显著特征,凸显了农产品流通、农业科技信息服务、剩余劳动力转移输出的难度和重要性。农村经纪人的产生,顺应了农业经济发展潮流,通过他们,实现了农产品与流通大市场的对接,促进了农业生产力的提高。[3]

据不完全统计,目前全国约有 600 万人从事农产品经纪业务,各地供销合作社牵头组建的各类农产品经纪人协会组织已有 3000 家。农村经纪人队伍呈现出四大特点:①业务范围不断扩大,除粮食、蔬菜、水果、牲畜、苗木、水产品等外,已开始涉及生产资料、日用工业品等。②活动的季节性、区域性明显,一般随农产品的生产季节而变化。③以个体经营为主,组织化程度偏低。在几十万个农村经纪人实体中,由于合伙型、公司型等实体较少,因此经营规模、经营信誉、经营资质、抗风险能力都较低。④整体素质不高,相互之间缺乏信息联系和交流,更缺乏自律管理和权益的自我保护机制。

农村经纪人长期活跃于市场与生产者之间，能及时捕捉市场信息、掌握市场动态，并通过为农民提供种苗、技术和营销服务，传递市场信息，指导农民按市场需要安排农业生产，其服务内容成为农业结构调整的无形"指挥棒"。同时，农村经纪人通过自己的活动，把农村劳力、土地、技术、资本等生产要素与产、加、销各环节有机结合起来，提高了农业生产专业化程度，促进了农村生产要素的流动重组和优势整合。另外，部分农村经纪人由于经营的农产品数量较大、质量较高，容易形成规模效应和品牌效应，促进了农产品市场的开拓。但是，国内农村经纪人的发展还不够规范，多数出身于原来的农民，素质不高，获取信息的渠道较为欠缺，提供的服务有限，处于分散、单个、小规模经营中，相互争夺市场，造成产品价格失真，与正规企业相比竞争力较弱。

(二)农产品批发商

另一个农产品经销商群体是农产品批发商，他们主要是农产品批发市场的经营户，他们从农民或农村经纪人处采购农产品，并通过批发市场主要销售给零售商。在农产品供应链中，农产品批发市场是农产品流通体系的枢纽和核心，也是农产品流通的载体和支点，承担着农产品集散、价格形成、信息服务等多种功能。

目前，我国农产品批发市场的农产品交易额已占农产品社会消费总额的70%以上，已成为农产品流通的主渠道和农产品物流核心环节。通过批发市场的农产品流通模式主要有两种：一种是"农户＋运销商＋批发市场"模式（见图3-3）。另一种是"农户＋合作社"模式（见图3-4）。

图 3-3 "农户＋运销商＋批发市场"模式

第二种物流模式是以农产品批发市场为载体，主要通过批发商集散农产品，批发商主导该条供应链。这是一种传统的农产品物流模式，也是目

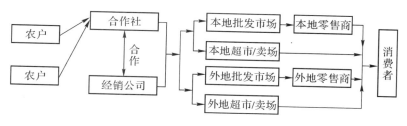

图 3-4 "农户＋合作社"模式

前最为主流的类型,但整条供应链集成率较低,物流后续服务水平也低。[4]

　　农产品供应链是指沿着农产品的生产、加工、流通以及消费者运动的一个网状链条。农产品批发市场在农产品供应链上处于中间核心环节,聚集了以分散个体经营为主体的农产品,在城乡农产品流通交易额中占农产品社会消费总额的70%以上(在大中城市这一比例已接近80%),农产品批发市场已成为我国农产品流通的主渠道。

　　这也是现阶段我国农产品生产水平和组织形式对农产品流通影响的主要表现。但因其经济基础的原因,这种供应链存在着严重的缺陷,主要表现为:一是凸显交易,不显合作。在农产品供应链的上游与下游两个部分结合处完成,上下环节彼此间是一种短暂交易行为,只能追求各环节眼前利益而无法考虑长期利益,环节之间连接不紧密,不可能存在合作与协调,供应链不稳定。二是零散经营,互不通融。参与者众多且分散,交易条件和价格信息杂乱,信息容易失真,质量监督管理困难。三是各自独立,不能集合。链上各环节属于不同的主体,虽然可以激发个体参与市场的积极性,但由于缺乏核心企业组织协调,供应链集成度低,削弱了个体力量的集中释放。四是交易落后,阻断贯通。现有绝大多数农产品批发市场的交易方式是以传统对手交易为主,这是一种商流与物流不分的最原始的流通形式,阻断了农产品供应链的需求与供给的信息流、物流沿着整个供应链贯通。

四、农产品零售商

　　农产品的零售商主要是指农贸市场中的经营户,他们是农产品流通到消费者手上的最后一道环节,经由这道环节,农产品才真正地实现了价值。近年来,随着各地"农改超"措施的推广,越来越多的超市开始经营生鲜产品,它们也成了农产品销售的零售商。农贸市场的经营户和超市是我国农产品零售商的主体。

五、其他主体

在农产品供应链中,除了上述农产品的生产流通主体,还有近些年新产生的一些组织。

(一)农产品加工企业

农产品加工企业主要指对新鲜农产品进行加工,使其具有更高的经济价值,并将其销售出去的企业。它们中有一部分实力强大,和农业合作社进行合作,大量采购农产品,从而形成了农产品供应链的一个分支。

(二)农产品期货市场

农产品期货是世界上最早上市的期货品种,在期货市场产生之后的一百多年中,农产品期货一度成为期货市场的主流。19世纪中期,芝加哥发展成为美国中西部最重要的商品集散地,大量的农产品在芝加哥进行买卖。在当时的现货市场上,谷物的价格随着季节的交替频繁变动。每年谷物收获季节,生产者将谷物运到芝加哥寻找买主,使市场饱和,价格暴跌。当时又缺少足够的存储设施,到了第二年春天,谷物匮乏,价格上涨,消费者的利益又受到损害,这就迫切需要建立一种远期定价机制以稳定供求关系,而期货市场正是在这种背景下应运而生的。根据经济学上的蛛网理论,农产品由于其生产需要较长时间,供需往往会存在较大的矛盾,而农产品的期货市场则在农产品供给和需求的矛盾之中建立起了一种缓冲机制,这种机制使得农产品供给和需求的季节性矛盾随之而解。

目前,我国三家期货交易所中,大连商品交易所与郑州商品交易所现阶段以农产品期货交易为主。大连商品交易所经批准交易的品种有大豆、豆粕、大麦、玉米等;郑州商品交易所经批准交易的品种有小麦、绿豆、红小豆、花生仁等。

(三)农产品拍卖市场

农产品拍卖市场是和我们常见的农产品对手交易相对的。比较突出的是云南的鲜切花拍卖市场,世界上最典型农产品拍卖市场在荷兰,荷兰超过90％的大宗农产品是经拍卖市场进行批发销售的,而80％的花卉通过拍卖交易出口到世界各地。荷兰的农产品拍卖市场主要由三大业务组成:一是展示与拍卖业务;二是包装与运输服务;三是全球互联网系统。展示与拍卖业务负责接收拍卖产品、展示样品,包括利用多媒体技术在互联网上进行展示和拍卖,之后确定采购商并出具订购单;包装与运输服务,承担成交后的农产品包装、冷藏和运输的工作;互联网系统则担负着向世界各地提供销售信息与办理交易手续的功能。一般在大型拍卖市场内都会有质检部门、税务、海关、经销商、运输企业的专署办公区,附近还会有银行、保险公司等。

在荷兰,到批发市场上拍卖的农产品,必须符合全国统一的市场产品质量标准和销售流程,包括提供真实样品原型、详细的产品信息、合格的检验文件,而拍卖市场往往提供的是完善的包装与保鲜措施,快速的运输交付能力和跨区域、跨国家的联网销售服务。

由于农产品自身以及农产品供应链参与主体的特点,使得农产品供应链具有鲜明的特点,主要体现在以下几方面:①农产品供应链上下游节点企业差距较大,稳定性差;②农产品供应链季节性、周期性特征显著;③农产品供应链上的节点企业的资产专用性高;④农产品市场不确定性较大;⑤农产品供应链受外界因素影响大;⑥农产品供应链对物流要求较高。[5]

供应链管理作为一种全新的管理思想,强调通过供应链各节点企业间的合作和协调,建立战略伙伴关系,将企业内部的供应链与企业外部的供应链有机地集成起来进行管理,达到全局动态最优目标,最终实现"双赢"或"多赢"的目的。供应链上成员的信任、合作、利益及风险共担,是农产品供应链管理成功的关键。实施农产品供应链管理的主要障碍来自于组织内部和贸易伙伴间的不协调。[6]目前我国农产品供应链管理同样陷入了这样一种困境,每个成员都过分地关注自身的利益得失,而很少从整体角度来考虑共同的利益。由于农产品供应链上的成员之间存在着相互冲突的目标,为解决供应链上成员的冲突,需要建立合作、信任、共赢的新的战略联盟机制,从而获得农产品供应链整体利益的最大化。建立农产品供应链战略合作伙伴关系,能降低供应链总成本、降低供应链上的库存水平、增强信息共享水平、改善相互之间的交流、保持战略伙伴相互之间操作的一贯性,产生更大的竞争优势,以实现供应链节点企业的财务状况、质量、产量、交货、用户满意度以及业绩的改善和提高。显然,农产品供应链企业间的战略合作关系的建立是为了保证农产品供应链的整体竞争力。

第二节 基于产业集群的农产品供应链体系的构建

一、集群式供应链

集群式供应链作为一类新型网络组织形式,它是源于将供应链运作平台移植产业集群地域中,而形成同时具有范围经济和规模经济的供应链网络组织系统。[7]按照美国经济学家波特的定义,产业集群是指在某特定领域中,一群在地理上邻近、有交互关联性的企业和相关法人机构,它们以彼此的共通性和互补性相联结。产业集群具有许多不同的形式,要视其纵深程度和复杂性而定。不过,绝大多数产业集群包含最终产品或服务厂商、专业元件、零部件、机器设备以及服务供应商,金融机构,以及相关产业的厂商。产业集群也包含下游产业的成员(如销售渠道、顾客),互补性产品制造商,专业化基础设施的供应商,政府与其他提供专业化训练、教育、信息、研究和技术支持的机构(如大学、培训机构、研究所等),以及制定标准的机构。对产业集群有重大影响力的政府机关,也可被视为它的一部分。产业集群还包括行业协会和其他支持产业集群成员的民间团体。

根据国际经合组织的定义:农业产业集群是指一组在地理上相互临近的、以生产和加工农产品为对象的企业和互补机构,在农业生产基地周围,由于共性或互补性联系在一起形成的有机整体。农业产业集群是经济发展到一定阶段的产物,是在原有的农业发展模式不再满足当前经济发展的需求下形成的一种新模式,是一种更加先进的发展模式,是原有农业发展模式的升级,是富有创新的新发展模式。

产业集群可以带来集体竞争的优势,对缺乏大型主导企业的地方能带来强大的竞争优势,在传统的农业发展上,农业产业集群的产生和发展给各地农业带来预想不到的竞争优势。[8]在发达国家,农业产业集群已十分成熟,我国的农业产业集群发展始于 20 世纪 90 年代初,但由于缺乏发展经验,一直没有得到强有力的发展。

以美国加州葡萄产业集群为例,基于产业集群的葡萄供应链是一个网状的,其供应商环节就涉及葡萄种子供应商,肥料、杀虫剂、除草剂供应商,葡萄采收设备供应商等;生产商就是栽种葡萄的农民;葡萄酒的酿造可以看做是葡萄的加工,在这一环节又衍生出了制酒设备、酒桶、酒瓶、标签等供应商,然后才是葡萄及葡萄酒的经销商和零售商。在产业集群的基础上,农产品的供应链会比较复杂,因为相关的衍生产品和供应商会很多,从而会对供应链提出更高的要求。一旦形成了产业集群,各个环节的分工就会很细,比如葡萄栽种过程中,早期是由农民自己负责葡萄的种子,现在则有了专门的机构来提供优良的葡萄种子。另外,在产业集群中,产品的加工会更加深入,随着产品加工的不断细化,产品的附加值会不断增加。拿葡萄来说,新鲜的葡萄和葡萄干的价格相差不大,但是酿成香醇的葡萄酒后价值就有了很大的提升,如果再加上加工精美的酒瓶和良好的广告宣传,那与原始的葡萄产品相比价格相差也许就是几十甚至几百倍了。美国加州葡萄产业集群如图 3-5 所示。

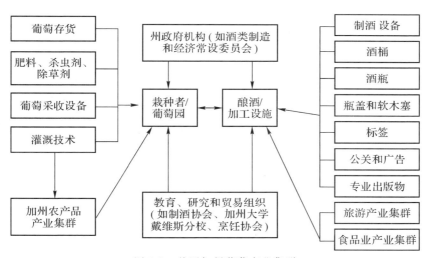

图 3-5 美国加州葡萄产业集群

国内不少地方的农业产业集群还处于初级阶段,虽然生产规模确实很大,也形成了不少的农业合作社,农产品在国内大范围销售,但是主要销售的是未加工过的农产品,产品附加值很小,其供应链也比较简单,农民的收益提高不多。就拿前两年大蒜的炒作来说,大蒜从每千克 2 元钱炒到每千克 16 元,但是辛辛苦苦的农民收益增加很少,钱大多被中间环节的经销商和炒作者赚了。如果农产品不进行深加工,那么农民就难以享受到收入增加的好处。

 [案例分析]

基于产业集群的山东寿光蔬菜供应链体系

寿光地处山东半岛中部,渤海莱州湾畔,总面积 2180 平方千米,土质肥沃,宜于粮食、蔬菜、果树、棉花等多种农作物生长。当地蔬菜企业及市场数量众多,2007 年时寿光农产品加工企业已有 268 家,省级以上龙头企业 4 家,带动农户 10 多万户。当地注重技术创新及引用,寿光市大力引进新技术,采用新模式。在蔬菜大棚建设上,推广实行了无立柱钢架结构。在设施配备上,大力推广使用温湿度自测仪、大棚自控滴灌系统和自动卷帘机等先进设施。在种植模式上,发展了无土栽培、立体种植、间作套种、反季节栽培和"园艺蔬菜"生产等技术。与此同时,当地市政府也加强了农业科技培训,形成了以市属培训中心为骨干,乡镇科普学校为纽带,村级农民夜校为基础的社会化综合培训网络。

寿光市蔬菜产业的发展带动了相关产业的发展,配套服务体系也逐步完善,全市的良种、化肥、农药、农膜等生产资料年交易额达 20 多亿元。从蔬菜供应链的角度看,在供应商这一环节,良种产业发展迅速。为推进蔬菜良种的科研创新,寿光市先后聘请全国 13 位院士和农业专家为农业科技顾问,加大蔬菜良种的科研创新力度,实现了"蔬菜良种创新—试验示范—繁育制种—市场销售"一条龙服务体系。现在在寿光,基本实现了工厂育苗,在人工控制的最佳环境条件下,运用机械化、自动化手段,采用科学化、标准化的技术措施,使蔬菜秧苗达到快速、批量、优质、高效生产,实现了蔬菜种苗的规模化、集约化生产,提高了蔬菜的产量和品质。目前,寿光已有 30 多家育苗公司,极大地满足了寿光市和周边省市蔬菜种苗的市场需求。寿光市蔬菜产业集群最为典型的就是蔬菜高科技示范园,在该园内,实现了集科研开发、繁育种苗、培训技术、试验示范、农业观光、推广种植于一体,生产加工销售一条龙的多功能。为了促进蔬菜销售和相关生产资料的采购,寿光每年还要召开蔬菜博览会,菜博会真正架起了农民与农业高新技术、农产品与市场对接的桥梁。

随着寿光蔬菜生产规模的扩大,当地的批发市场也日益发展为蔬菜供应链上的核心。寿光蔬菜批发市场始建于 1984 年 3 月,在寿光蔬菜批发市场的基础上,深圳市农产品股份有限公司投资 6000 万元与山东寿光蔬菜产业集团有限公司合资组建了山东寿光蔬菜批发市场有限公司。该公司是首批 151 家"农业产业化国家重点龙头企业"、"全国蔬菜批发市场十强"。山东寿光蔬菜批发市场设施配套完善,设有冷储、冷冻、电视监控、微机信息联网.市场管理中介等配套设施和机构。市场交易方式领先,交易过程使用"一卡通",实施电子化结算;市场检测手段先进,建有大型农副产品质量检测中心。

目前,寿光市已形成了以蔬菜批发市场为龙头骨干,以农资市场、种子市场和乡镇"十大菜果"专业市场为支撑,各类购销公司、经纪公司、运销专业户等 2 万个左右中介组织为基础的农产品销售网络。寿光蔬菜产业供应链如图 3-6 所示。

一方面,在产业集群发展过程中,集群地域外部经济性的发展促进了企业不断分工,促进企业从单个企业的"单打独斗"、"大而全"、"小而全"的发展模式向基于供应链合作方向,最终向集群网络和供应链一体化方向发展;另一方面,供应链的发展从单个企业向单链式纵向一体化供应链管理发展,并在竞争和发展过程中向着供应链的跨链间的竞争和合作,而最终形成跨链间的横向一体化供应链管理,这种供应链管理是一种基于企业网络的供应链管理。[9]基于产业集群的农产品供应链,就是产业集群和农产品供应链以"网络"作为耦合界面和切入点演化来的。

通过研究发现,在产业集群发展中,它自然而然地促进了网状供应链的产生。因为在产业集群,不但有着同一产业中位于同一环节的多个核心企业,更为重要的是,也存在着与产业相关的上下游企业,并聚集于同一地

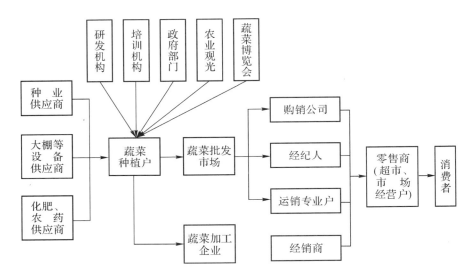

图 3-6　寿光蔬菜产业供应链

域[10]。作为某一地区的农业产业的相互竞争,已经不再是单个组织之间的竞争,而是基于产业集群的供应链与供应链之间的竞争。在产业集群中,分工细致、信息共享,个体能很好地适应市场快速多变的需求变化,并能大大减少客户的搜索成本,提高客户服务水平,扩大客户对集群整体市场的认知(Pandit et al,2002)。而且,由于产业集群的发展升级,即产业集群从价值链低附加值、非核心环节向高附加值、战略环节转移时,产业集群会沿着产业价值向着附加值更高的环节扩展,从而推动农产品供应链的转型升级。

　　黎继子曾对集群式供应链下过一个定义,他认为就是在特定集群地域中,存在围绕同一产业或相关产业价值链不同环节的诸多研发机构、供应商、制造商、批发商和零售商,甚至是终端客户等组织,以"供应商—客户"关系,通过"信任和承诺"非正式或正式契约方式进行连接,形成基于本地一体化的供应链;该集群地域供应链核心企业的非唯一性和生产同业性,导致在该地域中供应链的单链性和生产相似性,集群中每条单链式供应链企业不仅内部之间相互协作,而且不同单链的企业存在着跨链间的协调,与此同时还游离着大量位于这些单链式供应链之外,但在集群地域之中的专业化配套中小企业,配合和补充着这些单链式供应链生产。

二、农产品供应链的特征

与工业企业的产品供应链不同,基于产业集群的农产品供应链具体表现为以下几个特征:

1. 农产品的生产具有时滞性。工业产品的生产反应时间很短,而农产品由于动植物生长的天然属性,从播种到收获往往需要较长的时间,这导致农产品生产者对市场需求不能即时反应,价格波动较大。

2. 农产品的保存运输比较困难。生鲜农产品容易腐烂变质,因此,对其保存运输过程有着较高的要求,相应成本也较高。如果达不到相应要求,农产品的损耗就会比较大。

3. 农产品的标准化较难实施。工业产品的生产是流水线式的,实现标准化较为容易。而农产品在生产过程中由于受到土壤、水质、气候、生产者等因素的影响,产品往往会有差异。

以上这几个方面,会导致农产品供应链构建过程中,生产者往往在其中处于弱势的地位。而在分工细化的产业集群中,话语权也往往是被种业供应商、加工企业、批发商等控制,纯粹的从事生产的农户依然处于弱势地位,这一点只有通过农业合作社才能改变。因此,在基于产业集群的农产品供应链构建过程中,需要依托当地的农业合作社,并通过政府的引导,壮大农业合作社的实力,让他们在供应链中发挥重要的作用。

第三节　新型农产品供应链模式

一、农超对接的供应链模式

农超对接是指农户和商家签订意向性协议书,由农户向超市、菜市场和便民店直供农产品的新型流通方式,主要是为优质农产品进入超市搭建平台。这样,千家万户的农户小生产与千变万化的大市场对接起来,构建市场经济条件下的产销一体化链条,能够实现商家、农民、消费者的共赢。

随着农业产业化的发展,优质农产品需要寻求更广阔的市场。传统的农产品销售方式难以在消费者心中建立起安全信誉,也难以确保生态农业基地生产的优质农产品的价值,从而把很多特色农产品局限在产地销售,无法进入大市场、大流通,致使生产与销售脱节,消费引导生产的功能不能实现,农业结构调整、农民增收困难重重。

在农超对接直采直供的模式下,市场需要什么,农民就生产什么,既可避免生产的盲目性,稳定农产品销售渠道和价格。同时,还可减少流通环节,降低流通成本,实现农产品从农田到餐桌的全过程质量控制。根据调查,通过直采可以降低流通成本 20％～30％,这部分可以直接让利给消费者。其实,农超对接是发达国家普遍采用的一种农产品生产销售模式,目前,亚太地区农产品经超市销售的比重达 70％以上,美国达 80％,而我国只有 15％左右。近年来,随着大型连锁超市和产地农民专业合作社的快速发展,我国越来越多的地区已经具备了鲜活农产品从产地直接进入超市的基本条件。

农超对接的供应链模式是农产品流通方式在新形势下的创新,它有利于增强超市的竞争力,增加农民和消费者的利益。前些年,随着国内超市的遍地开花,超市之间的竞争不断创造价格新低。为了走出纯粹价格竞争的误区,超市需要有特色的、差异化的产品。只有采购的差异化,才会形成经销的差异化。而为了获得可持续发展,超市又得注意把握差异化与成本控制之间的平衡,超市"直购"将为其赢得核心竞争力。另外,由于卖菜难,致使农民亟待与需方直接见面。希望能以合适的价格,迅速销售出他们的产品。在这种形势下,促成了超市与农产品的短距离对接。农超对接减少了农产品供应链环节,实现了供应链的优化。

在农超对接供应链的运作模式下,对作为生产者的农户有着更高的要求,比如沃尔玛在浙江省内签下的第一块农超对接基地——宁波飞洪生态基地,种植面积达 1000 亩。沃尔玛对其他一些品类农产品基地的入门规模也有要求,如生猪养殖基地要求数量在 1 万头以上,牛要在 5000 头以上,鸡要在 5 万只以上等。以鸡蛋为例,沃尔玛浙江门店平均一天卖出 1 吨左右。在建德等直供的养殖场,沃尔玛的采购专员会定期去看母鸡的生活:养殖场是否建在工业区,喂养的饲料是否天然,生活空间是否太密集等都是考核内容。鸡蛋不仅要通过国家质检总局的检测项目,还要经过超市质量管理人员的再度检测。据透露,从养殖场到最后上架,鸡蛋的各项检测项目不下 10 次。农超对接至少减少了 3~4 个中间流通环节,这意味着,从地里采摘的新鲜蔬菜,只要 1 小时就能摆上超市的货架。

 [案例分析]

浙江农超对接模式的实证分析
——以浙江世纪联华超市为例

一、浙江世纪联华超市农超对接的背景介绍

2011 年 1 月,在国务院举行的座谈会上,世纪联华超市杭州华商店店长姚杨宏当面向温家宝总理建议,要大力推行"农超对接",畅通农产品流通渠道。近年来,浙江省各地在大力推广农超对接的运作模式,截至 2011 年 1 月,浙江共有 402 家农民专业合作社、522 家种养殖专业大户与 563 家超市、市场、酒店、食堂等销售终端签订 6278 份合同,金额达 17.4 亿元。

以前,农产品从农民地里到摆上超市的柜台这条供应链上,要经历经纪人、批发商等环节,造成的后果就是除了价格贵,损耗还特别厉害,尤其是叶菜,搬上搬下,不但水分蒸发,而且现在运送蔬菜的大货车,很少有专业冷藏车,蔬菜容易压伤。而现在这些环节省去了,供应链缩短了,大概能降低 20% 的成本,农民的收入也能增加一两成。据统计,2005 年,大概只有 5%~10% 的杭州人在超市买菜,到 2010 年这个比例已经接近 20%。在美国、日本等发达国家,这个比例高达 80%~85%。

二、浙江世纪联华超市农超对接运作模式的实证分析

(一)具体做法

1. 依托各大优质农产品基地,做大做强农产品基地采购规模。

2009 年,浙江世纪联华超市进一步整合了农超合作双方的资源优势,通过政府和企业的联手,采用企业示范及政策引导,积极推进浙江省优质农副产品的产业化进程,使原本分散的农业产业链和商业销售终端融为一体,互为推动,有效提高了整个供应链的响应速度和效能,显示了现代物流集约和高效的巨大潜能。根据全省农产品优势产业

布局,将超市蔬菜、水果、水产的采购重点从萧山、桐庐、淳安、浦江、临海、黄岩扩大到永康、金华、丽水、奉化、舟山等地,并新增 24 名专业基地商品采购员,建立了一批稳定的基地直供渠道。目前公司已与 180 余家优质农产品基地建立了业务联系,其中开展长期合作的基地达 100 余家,2009 年全年实现基地采购品种 220 余种,采购总量为 4.9 万吨,采购金额达 3.5 亿元,涉及农户 30000 多户。目前,世纪联华超市平均有 60% 左右的蔬菜水果来自农产品基地。

富阳市上旺蛋鸡场是浙江世纪联华超市的一家供货商,实现直采直供后,富阳地区的消费者从联华的门店里能买到比农贸市场更便宜的鲜鸡蛋。2011 年 1 月,"上旺"鲜鸡蛋给超市的供应价为 8.6 元/千克,超市拿到后在门店里卖 9.0 元/千克,而"上旺"鲜鸡蛋在农贸市场里卖 9.6~10 元/千克,在超市比农贸市场每千克能便宜 0.6~1.0 元。对于浙江世纪联华超市来说,上旺蛋鸡场只是他们对接的诸多优质农产品基地中的一家,几年来,超市已经与 180 余家优质农产品基地和合作社建立了业务联系。光鸡蛋就有建德、富阳等多个合作基地。在从合作社直接采购前,鸡蛋都从江苏或批发市场拿货,新鲜度不够,损耗率也高。现在,合作社和基地每天都往超市供货,鸡蛋很新鲜,超市的采购成本比以前低了 8%~10%。

2. 加大力度投入农产品物流配送设施,完善农产品的配送服务。

为适应公司农产品物流配送快速发展的需要,满足农产品保鲜储存、加工、配送运输、信息管理的新要求,2008 年以来公司新投入近 1000 万元,对常温分拣库区、精加工生产区、盆菜、熟食加工区进行建设和改造,并开发成功生鲜物流配送信息管理系统投入应用。专业生鲜设施设备的投入,有效地支撑了配送规模的快速增长。与此同时,公司为加快完善全省农产品产销市场网络建设,开始进行区域配送分中心建设,2008 年 11 月公司投资 300 万元完成温州、台州区域配送分中心建设;2009 年 7 月投资 500 万元又建成金华区域生鲜配送中心,为公司推进温、台、金、丽、衢区域农业产业化建设,特别是农产品原料基地建设,实行订单收购和区域快速配销提供了强有力的支撑。

公司在依托联华超市丰富的门店网络资源,以消费需求为导向的前提下,进一步发挥自身加工和配送能力较强的优势,增加生鲜配送品类,逐步开展多层面的配送经营业务。2009 年已扩大到对世纪联华和联华超市杭州、嘉兴、湖州、绍兴、金华、宁波、衢州等区域的 110 余家门店进行蔬菜、水果、肉品、禽蛋、水产、等生鲜商品的配送经营,并对全省各地 170 多家超市门店进行冷冻冷藏商品的统一配送。同时,积极开展精细化包装蔬菜、盆菜、熟食的加工配送经营业务。2009 年公司实现配送吞吐量为 15 万吨。

3. 开拓农产品社会化配送服务功能,推进优质农产品社会化物流配送体系建设。

基于为全社会提供优质农副产品配送的经营服务理念,公司一直以来致力于逐步增强和扩大社会化配送的服务功能,积极开展农产品社会化配销业务。第一,根据企业经营业务的发展需要,强化营销队伍建设,配备专业从事第三方物流配送的经营管理人员,全面提升服务质量,扩大服务范围,充分利用社会资源,加快社会化配送业务的发展。到 2009 年年底公司已为杭州萧山国际机场、解放军南京军区杭州疗养院、祜康食品集团、西子奥的斯集团等 40 余家客户常年提供农副产品配送服务。第二,增强配送能力,不断扩大配送服务范围。充分利用联华在全省大部分市县都有网点的优势,采用回头车或拼装的形式,大力开展基地农产品省内跨区域的物流配送服务,更多地惠及基地农户,帮助他们解决农产品运输难,运输成本高等困难。降低优质农产品的物流成本,进一步扩大优质农产品的辐射面,增强我省优质农产品的竞争力。第三,借鉴国外先进的经验,增强优质农产品配装和加工的能力,不断推出富有特色的新品来吸引客户,做大做强企业,打响"农华配送品牌,更好地服务"三农事业"。

4. 狠抓超市农产品的品牌建设。

公司积极参与浙江省农业博览会和优质农产品产销对接会,采用专区特色装饰以及承办基地农产品专场推介和采购订货会等多种形式,展示联华公司基地农产品经营成果,宣传企业、宣传品牌、吸引客户、广交朋友;同时,公司定期召开基地供应商与配送客户的产销对接会,搭建平台,交流信息,使产销双方获益颇多。

5. 投资建设勾庄地块新生鲜加工配送中心。

首先,2008年末,浙江世纪联华超市通过购置土地,开始进行新的生鲜加工配送中心建设,新生鲜加工配送中心建筑面积为68242平方米,其中地上建筑面积为53440平方米,地下建筑面积为14802平方米,建筑占地为14468平方米。计划总投资2.2亿元,该项目将建设成为国内一流的常温生鲜食品仓储、熟食加工和低温商品配送中心,并已2011年6月投入使用。该配送中心建成后,超市的生鲜经营业务将进一步做大做强做专,更好地实现公司的发展战略。

其次,改变生鲜采购方法。这是"农超对接"最重要的措施。联华公司以市场为取向,依托基地,扩大销售,充分发挥超市在"农超对接"中的作用。一是农超对接源头采购。联华公司的采购员进山入林,下到田头,直接采购一手货。同时,以免收进场费和现金买断的形式,与30多家湖北农产品加工企业签下1000万元的大订单,让湖北的土特产乘上联华的"超市直通车"进入市场。二是严格产品标准。联华公司在苹果和鸡蛋订单招标采购过程中,由农学院、农科院、技监局、食监所等权威部门专家教授组成的评标小组,对产品质量技术、企业资质和交易条件等执行"三关"审定,其中包括理化指标、感官指标、安全食用指标、鲜度指标、企业信誉度、价格优势、售后服务等诸多内容。三是评分分值分别占总分的40%、30%和30%。

早在2006年年底,联华公司就在浙江地区成立了基地采购专业团队,经过几年的努力,无论是基地数、品种数还是采购规模都有了飞跃。基地蔬菜销售同比增长181%,毛利增长176%;水果销售增长42.66%,毛利增长43.28%;水产销售增长21%,毛利增长11%。

借力农超对接,世纪联华对产销体系、采购方式、物流支持等方面进行相配套的变革和调整,积极探索"农超对接"这一全新的经营模式。目前,联华已成功实现了三个转变:一是建立并依托生产基地,将原来流通领域中的多个采购环节转变为产销对接;二是实行订单招标,由原来商品产后采购逐步转变为产前招标订购;三是突破传统商业经营体制,由单一的零售经营转变为产加销一体化经营模式。

（二）供应链构建中亟待解决的问题

第一，农产品的质量不够稳定。由于农民分散，种出来的农产品品质各异，难以实现标准化，供货和品质不太稳定，影响了世纪联华超市农产品的直接采购。对此，浙江现在紧抓农业合作社，由合作社统一发种子、施肥、治虫、签合同、包装、销售，提高了农产品品质。第二，双方对资金流问题难以达成共识。超市一般采用银行结算支付方式，即使对超市来说是很短的账期，往往难以被农民接受，农民习惯现金交易。缺乏周转资金也是农民专业合作社参加"农超对接"的一大障碍。第三，农业产业的分工还不够细。在农产品生产加工过程中，深度加工做得还不够，产品的附加值提高不大，农民收益提高幅度也不够大。

二、基于电子商务的农产品供应链模式

随着网络信息技术的快速发展，电子商务介入到农产品供应链中，使得供应链各环节对农产品的相关信息更多地实现了共享，并有效地提高了农产品供应链的效率。农产品供应链信息网络，是指由农产品供应链上各个成员利用计算机技术及网络技术等先进的信息技术共同组建的，进行资源共享、信息共用的平台。要实施有效的农产品供应链管理，必须改善农产品供应链的业务流程，然后再以较低的成本使这些流程自动化，以进一步降低供应链的成本，缩短供应链运作的时间。

根据前些年的经验，要建立基于电子商务的农产品供应链，首先应通过计算机网络将生产、流通、消费各环节连接起来，通过数据交换和时点销售信息实现数据的自动采集和交换，建立全国统一的农产品市场供求、交易及价格和食品安检等信息的收集、整理和发布制度以及信息管理系统，达到整个供应链资源共享、信息共用。其次将条码、EDI、EFT、EOS、GPS、GIS、RF 以及电子商务等技术集成起来，在供应链上建立一个高效的供应链集成系统，以确保产品能不断地由供应商流向最终用户。这需要龙头企业发挥主导作用，组织各成员积极参与。可以效仿海尔集团的信息网络建设，构建一个"农产品一流三网"，即以订单信息流为中心，主要运用计算机网络，结合农产品供应资源网络和农产品配送资源网络，共同完成从农产

品生产到农产品销售整个流程。另外,农产品多是生鲜物品,对信息的时效性要求极高,三个同步的流程也很关键。JIT 采购、JIT 生产、JIT 配送同步进行可以真正实现农产品从田园到餐桌的一步到位,且保证了农产品的绝对新鲜。

浙江省经济比较发达,但农村流通体系的建设还处在初级阶段,流通网点稀疏,服务设施简陋,服务功能单一。农产品电子商务还存在不少的问题:第一,虽然电脑拥有率较高,但及时准确获取相关信息仍然困难。第二,收集的信息不全。目前浙江省的农业信息资源主要是通过上层工作人员对信息的收集,然后在网上发布,还采用的是各级网点接收单向信息的传递方式,终端无法直接将其所拥有的信息和信息需求发布到网上,易造成信息不全面,并且无法有效保证所提供信息的可用程度。第三,农业市场机制还不健全,农业信息服务市场还没有真正形成。

图 3-7 中所列的网站虽然都有,但是这些平台一般只是简单地展示或介绍,相关数据欠缺。有的虽然有数据,更新也很缓慢,往往几个月更新一次,起不到很好的信息引导作用。另外,这些网站平台的综合性不够强,大部分仅停留在供求这个服务环节上;还没有建成由农民自主参与的、交易安全的交互式多功能网络平台,农产品的流通供销仍然受到较大的约束和限制。

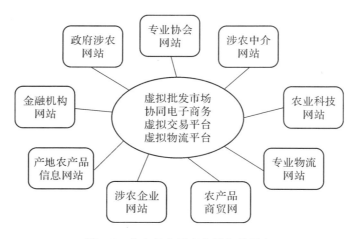

图 3-7　农产品电子商务及相关平台

要发展农产品的电子商务,完善其供应链,从供销社的角度出发建立农产品网络是个不错的选择。供销社在农村和城镇"点多、面广、线长",可以充分利用供销社的场地、设备、闲置资产,建立起各地的农产品网络供销中心:一方面把农民需要的物美价廉、适销对路的化肥、原料、生活用品组织到农村;另一方面把安全、放心、时令的农副产品送到城市,把网络供销中心建成农村商品集散中心、价格形成中心、信息发布中心。这样,农产品的供应链就能真正借助电子商务,降低交易成本和物流成本,提高农产品流通的效率。

三、出口型农产品供应链

随着经济的全球化,农产品的进出口不断增加。在国内不少地区,农产品能否顺利出口,已经成为影响农民收入的重要因素。以浙江省为例,2008 年农副产品出口额为 76.83 亿美元,相当于农林牧渔业总产值的30%,农民人均收入的 10%强来自于出口农业。近年来,我国的国际贸易做得顺风顺水,农产品出口呈增长态势,于是,出口型农产品供应链渐渐受到人们的关注。总体来讲,这种类型的农产品供应链还处于较为初级的阶段。

1.供应链上的合作较为初级。目前,国内的出口农产品供应链以"公司+合作社+农户"、"基地+合作社+农户"、"经纪人+合作社+农户"等几种模式为主,传统的"公司+农户"模式正逐渐被淘汰,合作社在供应链中起着重要的作用。农产品出口供应链流程见图 3-8 所示。

农产品出口比内销复杂,因为国外农产品市场需求的信息不易获取,而进入的渠道也有特殊的要求,所以必须依靠供应链上核心企业的统一协调才能完成。目前核心企业主要由农产品加工商、农村经纪人、种养大户等构成,他们通过农业合作社组织农户生产与销售,再根据国外市场的要求进行加工,通过外贸公司流通到国外去。不过,当前核心企业发挥的作用还不够大,多为简单地生产组织和产品的初步加工,致使产品出口后只能赚取微薄的利润。以东北出产的人参为例,其国际市场售价只有韩国产同类人参价格的 10%左右,原因就在于两者在种植护理和加工方面有较大的差距。

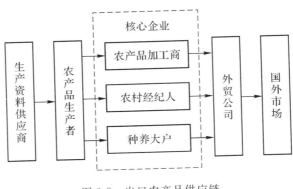

图 3-8　出口农产品供应链

2.供应链上的龙头企业偏少。要提高供应链的运作效率,需要有强势的核心企业来组织。而国内出口农产品的供应链有相当部分是通过比较大的经纪人、种养大户来组织完成的,由实力强的农产品加工商组织的较少。一般而言,出口农产品供应链上的龙头企业主要指加工商,他们对农产品进行深加工,大幅提升农产品的价值,并能够提高出口农产品的组织化程度。

由于农产品生产周期长的特殊性,如果供应链上信息不灵,不能及时了解农产品国际市场供求信息,应对"绿色壁垒"和国外反倾销制裁的能力就较弱。另外,随着中国经济的发展,劳动力成本的上升是必然的趋势,这就要求出口的农产品在产品内在质量和深加工方面多下工夫。近年来,浙江省许多农产品在国际市场上的竞争力减弱,一个主要原因是多数农产品生产成本要高于其他地区,这说明单纯的价格竞争导向应有所改变。这些都要求有较多的龙头企业。

3.冷链还不够完善。出口的农产品在途运输的时间比较长,对产品的冷藏、保鲜要求高。国外的农产品冷链是从田间地头开始的,而我国则往往要等到流通加工阶段才开始,在采摘下来到流通加工这一段时间往往不采取保鲜措施。由于农产品的冷藏保鲜需要专业的技术和设备,这一方面对农户的素质有较高要求,另一方面会提高产品的成本,实际操作中确有一定的困难。但这一环节不解决好,农产品的出口往往会碰壁,"欲速则不达"。

80

4. 出口农产品加工程度低。国内农产品出口品种主要集中在劳动力密集型产品上，如畜产品、水产制品、蔬菜、水果等，产品附加值不高，技术创新能力薄弱。目前初级农产品出口比重大大高于深加工产品比重，这一局面已不适应国际市场消费多样化的需要，也容易受到国际新型贸易壁垒的影响。此外，农产品的出口还受到国内外检测标准不统一、出口商检费用过高等因素的影响。

因此，出口型农产品供应链在构建过程中，政府应更多地进行扶持，多发展一些龙头企业，加强农产品品牌建设；并在政府的统一主持下，统一协调，逐步完善出口农产品的商检服务。

参考文献

[1]周雪松,刘颖.我国农业产业集群式发展研究[J].农业经济问题,2007,增刊.

[2]赵晓飞.提升农民专业合作组织的流通功能[J].宏观经济管理,2009(8).

[3]苏华.农村经纪人——农产品流通的桥梁[J].经营与管理,2008(2).

[4]杨广宁.论农产品批发市场升级拓展与战略转型的重要性[J].商业经济,2009(12).

[5]汤晓丹.基于博弈分析的农产品供应链信任机制及其建立研究[J].物流科技,2010(9).

[6]孙黎宏.农产品供应链一体化经营模式研究[J].合肥学院学报,2009(7).

[7]黎继子.供应链管理[M].北京:机械工业出版社,2011.

[8]陈纪忠,阳水长.我国农业产业集群现状与发展优势分析[J].商业时代,2010(11).

[9]黎继子.集群式供应链管理[M].北京:中国经济版社,2006.

[10](美)迈克尔·波特.竞争论[M].北京:中信出版社,1998.

第四章　农产品供应链的竞合机制研究

引　言

　　美国学者迈克尔·波特曾经说过,集群提升了竞争与合作两个方面,竞争与合作可以共存是因为它们发生在不同的范围以及不同的参与者之间。企业间的这种竞争与合作关系既提供激励,又避免了过度竞争。在产业集群内,企业由于地理接近性和业务关系,形成垂直联系或水平联系,表现出相互竞争与合作的关系。在基于产业集群的农产品供应链上,相关主体之间的关系可以分为各环节之间的和同一环节内的。比如,农民和垂直联系的上下游企业间形成供应商和客户的关系就属于不同环节之间的,而农民和农民之间就属于同一环节内的关系。无论是不同环节之间的,还是同一环节内的,都是既存在竞争关系,又存在合作关系。能否处理好相互之间的竞争与合作关系,将会影响到农产品供应链的稳定,影响到农业产业的可持续发展。

　　学者尼尔·瑞克曼等在对大量的实例进行研究后得出结论,促使合作竞争成功的不可或缺的构成要素有三个,即贡献、亲密和远景。从产业集群的角度来看,它们对促进产业竞争与合作成功的三个要素有着重大影响。首先来看贡献。贡献是成功的竞争与合作关系存在的理由。产业集群的分工协作机制使企业按生产链分工的需要进行专业化分工,减少了重复和浪费,并且借助彼此的核心,形成了单个企业孤军作战达不到的规模效益,产生了"1+1>2"的放大效应。由于地理接近和集群内企业之间人员、信息交流频繁,产学研密切合作,知识溢出效应明显,集群为企业提供了良好的创新氛围,加快了创新向生产力转化的速度。集群的分工协作机制和创新机制带来的贡献是农业产业竞争与合作成功的基础。[1]其次是亲密。在农业产业集群内,各类组织由于地理接近容易建立起信任机制。而且,在日益激烈的市场竞争中,大家也需要有亲密的协作伙伴。产业集群营造了一种很好的氛围,同类别同层次的组织之间愿意相互分享自己的信息与技术。在农业产业集群内,正式交流和非正式交流都很频繁,合作较为容易。第三是远景。农业产业集群使得集群内的成员对某一类农产品非常关注,这种关注是源于农产品能带给大家的共同利益。出于对自身利益的追求,群内成员会共同关注这类农产品的更好发展,也就是这一行业的远景。这样,能够集中资源把该农业产业做出品牌,无论在质量上还是在价格上都能比集群外的其他地区拥有明显的优势。

随着供应链实践的发展,供应链关系日益呈现出一种新型的组织间关系形态,形成了一种网络化的组织关系,供应链网络关系的研究已经引起学者的关注,其中,纵向依存和横向依存的共存关系以及供应链成员中的竞合关系成为一个研究前沿。一些学者尝试运用博弈理论来研究供应链成员竞争与合作问题,其中,演化博弈论的分析方法用得比较多。演化博弈论(Evolutionary Game Theory)是把博弈理论和动态演化过程结合起来的一种理论,是20世纪70年代随着Maynard和Price以及May-nard提出演化稳定策略概念(Evolutionary Stable Strategy,ESS)而产生的,此后,逐渐被用于经济学领域。与古典博弈论相比,演化博弈论假设参与人是有限理性的,认为经济系统中参与人不能对信息变化做出迅速的最优反应,它强调经济变迁的动态过程,因此更贴近现实。

基于产业集群的农产品供应链可以看做一种网络组织,本章将分别运用静态博弈和演化博弈理论,分析农产品供应链各环节间和环节内的竞合博弈问题。

第一节　农产品供应链竞合理论

合作竞争理论源于对竞争对抗性本身固有的缺点的认识和适应当今复杂的经营环境。从经济学的角度看,企业经营活动是一种特殊的博弈,是一种可以实现双赢的非零和博弈。为了实现自身利益的最大化,企业的经营活动必须进行竞争,在实际生活中,人们发现合作可以带来更大的回报,于是提出了合作竞争的新理念。这是对网络经济时代企业如何创造价值和获取价值的新思维,强调合作的重要性,能有效克服传统企业过分强调竞争的弊端。

一、合作竞争理论的起源

合作竞争理论(Cooperation-competition Theory)的代表人物是耶鲁大学管理学教授拜瑞·内勒巴夫(Barry J. Nalebuff)和哈佛大学企业管理学教授亚当·布兰登勃格(Adam M. Brandenburger),他们在 1996 年合著的《合作竞争》一书中提出,企业经营活动是一种特殊的博弈,是一种可以实现双赢的非零和博弈。1997 年,Maria Bengtsson 和 Soren Kock 也将既包含竞争又包含合作的现象称为合作竞争,他们共同研究了企业网络的合作竞争;Loebbecke 等研究了基于合作竞争的知识转移及合作竞争组织间的知识分配理论;Hausken 研究了团队间的合作竞争,认为利益主体间的竞争有利于利益主体内部成员积极性的提高,其他利益主体内的合作竞争情况也影响该利益主体内部的合作竞争程度;Mar 等认为,合作中利益主体把其他利益群体的活动视为正外部条件,竞争中利益主体则将其他活动视为负外部条件;麦肯锡高级咨询专家乔尔·布列克(Jole Bleeke)和戴维·厄恩斯特(David Ernst)认为,未来的企业将日益以合作而非单纯的竞争为依据,企业会把合作竞争视为企业长期的发展战略之一。

二、企业的竞合战略

依据合作竞争理论,企业一般选择竞合战略的路线是:绘制价值链→确定所有商业博弈参与者的竞争合作关系→实施 PARTS 战略来改变博弈→分析和比较各种商业博弈结果→确定合作竞争战略→扩大商业机会、实现共赢。合作竞争理论提出了参与者价值链的新观念,利用价值链来描述所有的参与者的竞争合作的互动关系。该理论强调了企业经营活动中同时存在竞争与合作两种行为,两者的结合是一种动态的关系,而不是割裂开来的,这有效克服了波特经典竞争战略管理理论利用 5 个力量模型仅从竞争的角度来分析所有参与者竞争态势的弊端。

合作竞争是一种高层次的竞争,它并不意味着竞争的消失,它只是从企业自身发展的角度和社会资源优化配置的角度出发,促使企业间的关系发生新的调整,从单纯的对抗竞争走向了一定程度的合作。合作竞争是企业的长期发展战略,它从组织的长远发展角度,通过企业自身资源、核心竞争力的整合,通过组织之间的合作和相互学习,进行产品、服务、技术、经营管理等各方面的创新,从而使企业形成持久的竞争优势。合作竞争有别于传统的零和博弈或负和博弈,它以实现合作竞争双方的共同利益为目标。同时,要建立成功的合作竞争关系,还要理性的选择合作伙伴,考察合作伙伴的资源优势、创造贡献的潜能、长期战略、企业文化、价值观等,从而对合作伙伴进行有效的管理。

三、企业合作竞争的效应

具体来看,企业的合作竞争能产生以下四个方面的效应。

(一)规模效应

合作竞争使企业实现了规模经济。首先,单个企业各自的相对优势在合作竞争的条件下得到了更大程度的发挥,降低了企业的单位成本;其次,合作使专业化和分工程度提高,对合作伙伴在零部件生产、成品组装、研发和营销等各个环节的优势进行了优化组合,放大了规模效应;再次,企业通过合作制定行业技术标准,形成了格式系统,增强了网络的外部性。

(二)成本效应

合作竞争降低了企业的外部交易成本和内部组织成本。企业通过相关的契约,建立起稳定的交易关系,降低了因市场的不确定和频繁的交易而导致的较高的交易费用。同时,由于合作企业间要进行信息交流,实现沟通,从而缓解了信息不完全的问题,减少了信息费用。合作企业间的信息共享,也有助于降低内部管理成本,提高组织效率。

(三)协同效应

同一类型的资源在不同企业中表现出很强的异质性,这就为企业资源互补融合提出了要求。合作竞争扩大了企业的资源边界,不仅可以充分利用对方的异质性资源,而且可以提高本企业资源的利用效率。

(四)创新效应

合作竞争使企业可以近距离的相互学习,从而有利于合作企业间传播知识、创新知识和应用知识,同时也有利于企业将自身的能力与合作企业的能力相结合创造出新的能力。此外,合作组织整体的信息搜集、沟通成本较低,可以更加关注行业竞争对手的动向和产业发展动态、跟踪外部技术、管理创新等,为企业提供了新的思想和活力,大大增强了企业的创新能力和应对外部环境的能力。

四、农产品供应链竞合机制

在激烈的市场竞争中,农产品供应链成员往往单独采取行动从而追求自身利益的最大化,导致整个农产品供应链失调,这又会导致发生不合理的产能使用和低效的物流运输,从而使生产成本增加。而且供应链中各个成员为了满足下游节点成员的需求变动,必须保持较高的库存水平,农产品本身具有易腐蚀变质的性质,增加了保管成本。由于农产品供应链的失调,会使各节点成员难以准确安排生产计划,而且农产品生产受到周期性和季节性的影响,在面对快速变化的市场需求时,导致整条农产品供应链的补给供货期延长,容易产生缺货。[2]

供应链的不同阶段属于不同的所有者,各个所有者都会努力追求自身利益的最大化。如果供应链中的各个节点企业都过于关心自己利益,就会与供应链的整体利益发生矛盾,导致供应链整体性失调,供应链各节点成员之间相互不信任,关系恶化,从而使潜在的协调努力变得更加困难。

在农产品供应链中,核心企业通常倾向于上游生产单位能生产附加价值高的农作物,而附加值高通常意味着风险高,抵抗风险能力弱。这就使得小型生产组织不愿意生产高风险的农作物,使得双方的合作受到限制。为此,需要建立一体化的农产品供应链,在农产品供应链伙伴成员之间建立信任和开放的组织合作关系,获得农产品供应链整体利益的最大化。

相对于发达国家,我国农产品物流的总体信息化程度比较低,没有统一规范的信息平台供各成员进行信息沟通,各成员之间缺乏必要了解。由于没有实现信息共享,市场供求信息不能快速传递,必然会出现需求信息失真,产生需求信息的扭曲放大,导致供应链整体利益无法最大化。

学者肖为群、魏国辰等认为,目前我国发展农产品供应链合作关系的难点主要在于合作主体多且复杂、信息流通和共享较难、合作成本高、合作风险大等问题。要突破这些瓶颈,应该着手加强供应链主体之间的互动,发挥农业协会和核心企业的作用,培育信任机制和合作文化。

国内的农产品已经实现了市场经济,其供求关系主要受市场的调节。在市场经济体制下,各参与主体面临的是"优胜劣汰、适者生存"的竞争法则。于是,对农产品供应链上竞争机制的研究主要体现在各主体的竞争手段上,包括价格竞争、品牌竞争、质量竞争、渠道竞争等方式。

第二节　农产品供应链各环节间的竞合机制分析

完善供应链各成员间的利益分配是有效协调农产品供应链的核心问题,这需要充分考虑供应链内部各个参与主体的切身利益。因此,如何使各主体在各个经营环节来实现利益平衡,是促进农产品供应链顺利运行的关键。比如,供应链核心成员在一定程度上保障其他参与者能够获得比较稳定的合理收益,既保证了加工企业有稳定的原料来源,又促进了供应链的稳定协调,使各供应链成员都关心供应链的整体发展,不会轻易因为其他因素而影响供应链的顺利实施。

一、农产品供应链各环节间分工合作的必要性

对供应链上某一节点组织而言,他们有两种选择:一种是将相关的事情全部由自己从头做到尾;另一种是将事情分成几部分,自己只做最拿手的一部分,其余的交给他人完成。比如,农产品的物流是自己做,还是交给别人来做?农产品的种养是企业自己完成,还是交给分散的农民完成?这里就涉及分工合作是否必要的条件。

假设,A、B 两个主体双方有合作与不合作两种选择,一旦一方不想合作,则双方合作无法达到,维持原状,相当于收益皆为 0。只有当双方都想合作时,合作才能成为现实,这时双方的收益会有所变动,假设 A、B 双方的收益分别为 X,Y。具体如表 4-1 所示。

表 4-1　双方合作博弈的收益表

A B	合　作	不合作
合　作	X,Y	0,0
不合作	0,0	0,0

这样,双方的合作是否得以维持下去,主要就看 X,Y 是否都能大于 0。只有当 $X>0$,且 $Y>0$ 时,双方都能获得好处,分工协作能够带来双赢,这样的合作就能延续下去。比如,以前农民是自己挑着菜到市场上去卖,这样虽然卖的价格要高些,但是要耗费大量的人力、物力;而现在,大部分农民在家门口就将菜卖给前来收购的农村经纪人,这样价格要低些,但是自己省下了时间,省下了物流费用。与以前相比较,这样的方式收益更高;而作为农村经纪人,他们依靠自己的劳动与提供的设备,并承担起农产品销售过程中的风险,也获得了相当的收益。这样的合作就能继续下去。假如现在分散的农民就是要卖一个高价,而经纪人无法承受这个价格;或者是经纪人开了一个低价,而农民不肯接受,那双方的分工合作就会破裂。

对分散的农户而言,他们获取农产品流通的信息渠道并不通畅,有时就会出现农产品种出来卖不出去的状况,比如,2011 年年初,温岭箬横地区的农民种了上万亩的大白菜,由于市场价格低,农民不愿出手,而大量烂在

地里。所以,与农民的合作不仅包括提供销售渠道,还包括提供相应的信息,使农民未雨绸缪,生产适销对路的农产品。这种合作就属于更高层次的合作。

现在有些农业龙头企业自己在外面有合适的销售渠道,但是自己又没有这么多的劳动力和土地,于是,他们就和当地农民进行合作,由企业统一提供种子、化肥、农药等,并指导农民种植、养护,等农产品成熟了,再由企业按事先约定的价格统一收购。这样,农民提供自己的劳动和土地使用权,获得一个相对稳定的收益;企业承担相应的市场风险,并获取相应的高回报。这样,如果 $X>0,Y>0$,双方的合作就能进行下去。比如,浙江临安等地的竹笋加工企业,就和当地农民签有类似的协议。而这种方式在有些地方一开始进行不顺畅,主要原因就在于农民对是否能获得比原来更高的收益持有怀疑的态度,也就是不知道 X 是否会大于 0。

二、合作过程中欺骗现象的处理

一般而言,农产品的生产、流通由农产品产前——信息指导和产品规划、产中——田间管理、产后——产品标准化处理加工以及食品加工、流通、消费等不同的环节和组织载体构成。在农产品的供应链上,我们可以分为农资供应商、农民、农产品经销商、农产品零售商和消费者几个环节。在各环节之间,存在有合作关系,因为只有合作,农产品的流通才得以进行。[3]

在农产品供应链各环节合作的过程中,为了各自利益的最大化,大家都会讨价还价,为自己多谋取一些利益。这种相互间的讨价还价其实是一种零和博弈,总收益是不变的。这种博弈是会有一个底线的,当一方的叫价超出对方的接受范围时,双方的交易就可能会无法进行下去。比如,农村经纪人和农民之间的交易关系,农民想将农产品尽可能地卖一个高价,而经纪人希望用尽可能低的价格收购农产品。当经纪人开出的价格低于农民生产的成本时,正常情况下农民肯定不会接受,交易失败;只有当经纪人开出的价格高于农民生产的成本,又低于其能够卖出去的价格时,双方才能完成交易。不过这种情况也有例外,因为农产品市场近似于完全竞争市场,产品的均衡价格是由整个市场的供求双方所决定的。当市场上农产品的供给增加,供大于求时,农产品的均衡价格会降低。如图 4-1 所示。

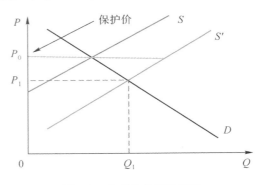

图 4-1　农产品价格决定图

　　这个价格会低于农民的生产成本,农民会不愿意卖出农产品,但是由于农产品不易保存,如果他们不及时卖出,农产品很快腐烂变质,那么损失会更大。于是,一般的结果就是,农民忍痛割爱,低价销售,也就是我们所说的"增产不增收"现象。为了避免农户的损失过大,打击生产的积极性,有时政府会采取相应的保护价收购措施。

　　农产品供应链是一个复杂巨大的系统,信息的不完全、不对称、高度不确定性等使得链上各个环节的衔接与协调既非常重要又十分困难。因为农产品不易保存,以及农村经纪人和单个农户双方之间力量的不均衡,单个的农户在交易中往往处于弱势,这就给强势的一方在合作过程中的欺骗或违约提供了机会。

三、基于纳什均衡理论的农产品供应链合作博弈分析

　　农产品供应链企业在合作过程中的博弈行为可分为合作和违约。合作是指博弈双方完全按照已签订的有关协议进行,双方都有利。违约则是指博弈一方违反当初的协议,致使对方利益受损。根据博弈理论,我们以"公司＋农户"形式的农产品供应链为例,以农户与收购商为分析对象进行博弈分析。假设农户和收购商是博弈双方,他们之间的博弈方式分为合作和不合作。这两种策略对应的收益情况如表 4-2 所示。

表 4-2　农户与收购商合作博弈收益表 1

收购商 农　户	合　作	违　约
合　作	(6,6)	(2,8)
违　约	(8,2)	(3,3)

由表 4-2 可看出,当一方违约,另一方合作时,违约一方的收益会增加,这是它违约的动力来源,造成的直接后果就是选择合作方的利益受损。而当双方都选择违约时,其收益会低于双方都合作的收益,但仍会高于对方违约、己方合作的收益。显而易见,双方最理想的选择应为都选择合作对方,此时双方获得的利益均为 6,但双方从自身利益出发会陷入到"囚徒困境"中,即对于农户而言,如果收购商在合作中采取合作态度,农户获得的利益将分别为 6 和 8,按照利益最大化原则,农户会选择利益为 8 的策略,即不合作对方;如果收购商采取不合作的态度,那么农户获得的利益分别为 2 和 3,同样按照利益最大化原则,农户会选择利益为 3 的策略,即不合作对方。因此,无论收购商选择何种策略,农户的理性选择都是不合作。收购商的收益分析也是一样,它也会选择不合作对方的策略。因而该博弈的纳什均衡为(不合作,不合作)。

由此可见,在一次合作中,农户和收购商在都采取不合作策略时达到纳什均衡,此时双方得益各为 3,并没达到帕累托最优。实际上,帕累托最优的组合应是(合作,合作),(6,6)要优于(3,3),但博弈组合(合作,合作)在策略上却是不稳定的。因为如果收购商认为农户会选择合作,则收购商选择不合作的可能性很大,反之亦然。在一次"囚徒困境"博弈中,不可能产生相互合作,纳什均衡并不一定导致帕累托最优。

比如,收购商和农户之间事先签订收购协议,确定以某一价格来收购农产品,但是等农户生产出来以后,收购商违约,要求以更低的价格收购。在法制不健全的时候,收购商的违约不会受到相应的制裁,但是却能够给自己带来实实在在的利益。而农户的产品生产出来以后,不及时卖出则损失更大,因此也只能接受降价销售的局面。这也就是为什么原来我国农民的生产是靠自己的判断,而不是采取订单农业的原因。因为在违约难以受到有效惩罚的前提下,双方都有违约的动力。所以,农产品的收购多数时候更像是一锤子买卖,这次运气好,赚了;下次运气不好,亏了。与收购商的合作也是短期性的。

因此,农产品供应链各节点上某企业的收益不仅取决于他自己的行为,还取决于与之交易的另一企业的行为。不过,以上所分析的是在农产品供应链运作过程中,某企业对合作企业进行的选择,是一次性静态博弈,而在长时间的农产品供应链运作过程中,往往进行的是重复博弈,需要对重复博弈再做分析。

四、维持农产品供应链企业合作关系的合作博弈分析

一个企业要想长久地经营下去,它就必须考虑多次博弈所带来的后果,而不仅仅是对一次性交易收益的考量。从现实的角度考虑,在农产品供应链运作过程中的合作博弈,是长期动态博弈下的结果。

为分析方便,我们假定农户和收购商双方实力均等。在双方交易过程中,违约行为会使得违约方获得一定的收益 T,同时另一方会遭受到一定的损失 L。若博弈双方都选择合作,即履行原来的协议,博弈结果就是双方各获得 X 的收益。如果双方都违约,原来的协议不履行,双方需要临时寻找新的合作伙伴,都只能获得收益 R,$R<X$,其中 $X+T>R>X-L$。由此建立博弈矩阵如表4-3所示。

表4-3　农户与收购商合作博弈的收益表2

收购商 农户	合　作	违　约
合作	(X,X)	$(X-L,X+T)$
违约	$(X+T,X-L)$	(R,R)

如果农户和收购商双方希望进行长期的合作,那么原来倾向选择的(违约,违约)这个结果是存在改进可能的。因为很明显,双方违约所获得的总收益要远少于双方合作所获得的收益。在重复博弈的情况下,只要博弈的次数足够多,对于解决"囚徒困境"问题就具有一定效果。当然,有些收购商进入这一行的时间不长,他们迫切希望的是能赚到钱,而不是维护

协议的使命感,那么在外界环境变动时,他们就会产生投机的冲动,违背原来的协议。

由此可见,为了降低机会主义风险,必须引入违约惩罚的协议约束,要由相关的部门来严格地执行惩罚,而且惩罚执行的成本不能太高。根据国内不少地方出现过的情况,往往是赢了官司输了钱,这样的惩罚机制实际上是没有用的。加入违约惩罚后双方博弈的收益矩阵变化如表 4-4 所示。

表 4-4　农户与收购商合作博弈的收益表 3

收购商 农户	合　作	违　约
合作	(X, X)	$(X-L+S, X+T-S)$
违约	$(X+T-S, X-L+S)$	(R, R)

其中,S 表示当博弈的某一方发生违约行为时,必须支付 S 的违约金给另一方,通过提高协议的违约成本来限制其投机。当 $S > T$,即 $X > X+T-S$ 且 $X-L+S > R$ 时,博弈矩阵中(合作,合作)的策略组合是唯一的纳什均衡解,也是双方的最优解,因此是稳定的。

当然,要想通过违约行为支付违约金的约束机制杜绝投机行为的产生,还需要几个条件:第一,违约金数量必须达到一定的要求,即对违约一方的处罚力度要足够大,才会对违约方有震慑作用。第二,对违约方的处罚执行要到位。也就是要通过相应的机制落实对违约方的处罚,不能使其有赖账的空间。一旦其赖账,就将其登上黑名单,取消其以后在这一行的从业资格,这就需要各地政府有关部门完善相应的企业信用制度。

在农产品供应链上,每一节点的企业与相邻节点的企业之间的合作未必是重复性的,只有核心企业对相关企业之间的博弈多数才是重复性博弈的过程。合作伙伴实力均衡的供应链经常出现动荡现象,主要是整个链条对机会主义防范不力的结果。在核心企业和合作伙伴不平等的供应链中,合作伙伴虽然比核心企业获得的收益少且受其约束,但其选择合作会比单独发展收益增加,违约代价巨大。[4] 因此,具有核心企业存在的供应链合作关系是最稳定的供应链。

五、不同环节间企业的竞争博弈分析

在农产品供应链网络中,上下游成员间除了合作的博弈外,还存在竞争的博弈。这种竞争的外在表现有讨价还价,比如,农户和收购商之间,农户希望卖得价高一些,收购商希望收购价低一点,于是就出现了竞争,而这两者间的竞争一般是零和博弈,一方的收益就意味着另一方的亏损。双方各有两个策略可以选择,分别是竞争和不竞争,这里的竞争可以理解为一方咬定自己的价格,不竞争表现为接受对方的开价,博弈结果如表 4-5所示。

表 4-5 农户与收购商的竞争博弈表

收购商 农 户	竞 争	不 竞 争
竞 争	$(-D, -E)$	$(RA+C, RB-C)$
不竞争	$(RA-C, RB+C)$	(RA, RB)

当双方都选择不竞争策略,也就是维持原有的成交价时,双方的收益分别是 RA 和 RB;都咬定自己的价格不放松时,双方两败俱伤,都会出现亏损,分别是 $-D$ 和 $-E$;当一方竞争,另一方不竞争时,一方增加的收益与另一方减少的收益相等。表 4-3 中,有 $RA-C>-D$,$RB-C>-E$,这样,会出现两个较为稳定的组合就是(竞争,不竞争)和(不竞争,竞争)。也就是,一旦一方出现强硬的状况,另一方较为可能的策略就是妥协。那么,在双方实力不均衡时,实力强的一方就会倾向于竞争的策略,迫使对方就范。当然,如果另一方的利益损失太厉害,他们也可能会联合起来,拼个鱼死网破。以自身这一次的损失来维护将来的利益,从而通过谈判达到新的均衡。

农产品供应链上不同环节间的竞争源于为己方谋得更多的利益,但这种竞争不能以消灭对方为目的,一旦交易的对方损失太大,维持不下去了,就会回到早期的没有分工协作,由一家组织承担从头到尾一系列活动的状态,这是不合适的。所以,不同环节间的竞争要适可而止,要限制恶性竞争,适当时候应由政府出面,保护某一方的利益。比如,近些年来农产品价格很低,农户的生产积极性大受影响。这时,由政府出面对农产品的收购价进行限制,保护农户的利益,这样才能得到长期的持续发展。

六、农产品供应链各环节间合作机制和发展思路

(一)合作机制的作用

农产品供应链各环节间的合作机制对农产品的顺畅流通起着重要的作用,如果该机制影响到双方的协作,则农产品在流通中就会受到阻碍,不能顺畅地到达消费者手中。具体而言,各环节的合作具有以下作用:

1. 降低交易成本,改善交易绩效。农产品供应链各环节之所以能够衔接起来,就是源于双方的合作。没有合作,就难以享受到分工所带来的高效率,被迫接受"小而全"的企业经营模式。长久稳定合作关系的建立能有效减少双方猜测、谈判以及不必要的摩擦与矛盾,并使交易成本尽可能地低,从而提高供应链总体运作的效率。使农产品供应链既能像一个企业一样高效运作,又能享受到规模经济带来的成本降低。

2. 维系和促进农产品供应链各环节的合作。在合作机制的约束下,双方长期合作所带来的好处会产生示范效应,从而引导更多的农户和企业参与到合作中去。众多的参与者在合作中遇到的问题不断解决,会促使合作机制不断完善。比如,"农超对接"这种模式在一开始困难很大,合作双方意见都很多,收益也不明显。但是经过这么多年的磨合,有不少超市和农户之间已经找到了适合双方的对接方法,"农超对接"得以大规模推广。

3. 保证农产品供应链的快速反应。一方面,合作机制可以在一定程度上保障节点企业遵守合约,按照约定的价格、时间交货和付款,保持一贯的高质量,保证供应链的快速反应。另一方面,合作机制还可以实现合作的灵活性,如在合作双方准备交换商业信息、承诺非正式的理解、准备在任何时候商定新的合作内容。这可以减少企业在应付突发事件中的相互推诿,进而减少企业在处理未预见的偶发事件中的时间、人力、物力、财力等成本,有助于供应链快速反应的实现。

(二)农产品供应链上不同环节间维护合作关系存在的困难

1. 违约成本较低。一方面,长期以来,小农意识在我国广大农民中根

深蒂固,农民习惯了自给自足的生活方式,合约意识不强。相当部分的协议只是口头上的,一旦对方违约,找不到相应的证据。另外,就算是签了书面合同,对双方的约束力也有限,因为违约的成本较低。这表现在违约金比例象征意义更大些,不足以对违约者造成大的震慑作用。在法治还不规范的时代,应该用严刑重典来治理,以较高的违约成本来使双方不敢违约。

2.双方力量不均衡。在市场经济下,"大鱼吃小鱼"、"弱肉强食"历来被认为是天经地义的,强弱之间的合作往往公平性较差,稳定性也较差。综合来看,国内农民的力量还较弱,生产规模小。无论是和供应商比,还是和经销商比,农民往往都处于比较悬殊的弱势地位。这样的合作关系很容易会被对方打破,比如,市场上卖假种子、假农药的供应商时有出现,每次都是广大农民饱受损失,致使农户心有余悸。

3.信息难以共享。近年来虽然国内信息网络技术发展很快,但农产品供应链上的信息还远没有达到共享的程度。一方面,农民不上网的还很多;另一方面,就算是上网,能查到的有效信息也不多。而且,市场上的交易主体本就有很强的利己性,当出现对己方不利的信息时,他们会刻意封锁,并将损失转嫁给他人。所以在这样的条件下,双方的合作难以成为公平的合作,稳定性就大打折扣。

(三)完善农产品供应链合作机制的思路

合作机制的完善有利于农产品供应链的有效运行,应从以下方面着手:

1.变短期合作为长期合作。农产品供应链节点企业作为有限理性的博弈方,需要经过一个较长期的进化过程,才能找到最佳策略。在多次甚至无限次重复博弈的情况中,企业会更关注合作的长远利益,而不是短期一次性投机活动所带来的好处。因此,建立长期合作关系,企业就更有可能放弃眼前短期利益诱惑,提升彼此间的合作程度。[5]同时,长期的合作,可以增加节点企业的互相了解,增进彼此合作的默契程度,降低供应链联盟内部的信息不对称性,有效提升供应链节点企业之间的合作程度。

2.变经常违约为不敢违约。政府有关部门应加强对违约行为的立法和管理,制定出具体的细则。对有过违约行为的,将其登上黑名单,降低其信用等级，信息要告知相关单位，提高其违约行为的成本。此外还可以借助合作保证金、制造沉没成本、增加信息透明度、规范合同等形式提升企业非合作行为的成本，加大对欺诈行为方的打击力度，增加欺诈者的成本，并对采取合作策略的企业给予支持和鼓励，激励企业选择合作策略。同时，也要加强培养农民的法律意识，一方面增强他们的维权意识，另一方面也约束他们不要违法。

3. 变信息不畅为信息共享。作为分散的农户，要收集大量的信息是比较困难的，而政府有关部门采集有大量的信息，这些应该及时地在相关网站上公开。现在许多网站上相关信息公布滞后的现象很普遍，有很大一部分实际上是失去意义的。另外，采取一些较为先进的手段，比如，农产品的期货交易市场，有很多信息是公开的。信息的有效共享可以使节点企业更了解供应链上前端和后端的供求信息，从而做出更科学合理的决策，提高自身的利益，从而也加强彼此间的合作。

4. 变农民的分散作业为合作社共同生产。传统的农业生产方式，单个农户生产规模小，产品质量控制难，相关信息不对称，平均物流成本偏高，阻碍了农产品的顺利销售，而且农民在销售时常常受到收购商的欺负，收入一直难以大幅度提高。经验证明，采用农业合作社的方式组织生产是较为合适的，它可以聚沙成塔，通过统一控制农产品的生产过程提高农产品的质量，打响区域农产品品牌，从而增强其在农产品流通过程中的话语权，提高农民的抗风险能力。

5. 培育农产品供应链上的核心企业。对应于不同的收益分享机制，伙伴企业会在协作过程中选择不同的行为方式以实现自身效用最大化。[6]对此，核心企业应当充分发挥主导作用，以便在与伙伴企业就利润分配问题进行协商时能够达成共识，使伙伴企业能够得到与自己贡献相匹配的合理利润，调动伙伴企业的合作积极性，使供应链的协同优势得以充分发挥。

在完全信息条件下，供应链各节点企业间可以通过建立合作促进机制（或惩罚函数）把供应链运作由一般的纳什均衡状态，调整到满足帕累托最优状态，同时又保持纳什均衡的稳定性。在非完全信息条件下，供应链核心企业与伙伴企业可以根据其隐性努力的不同状况和市场风险的不同情境，做出不同的激励和利益分享的均衡机制，以谋求供应链的稳定性。所以，培育核心企业有利于农产品供应链的构建与延续。这类核心企业可以是农业合作社，可以是农产品加工企业，也可以是作为流通渠道的超市企业。这些企业规模大，抗风险能力强，和农民的利益紧密相联，培育这样的大企业，有利于将分散的农民组织起来，形成较为稳定的合作机制。

第三节　农产品供应链各环节内的竞合机制分析

一、竞合模型

　　农产品供应链各环节内的竞合关系，也就是其网络的横向关系，是指农产品供应链网络中的供应商、生产者、经销商或零售商各自之间的行为关系，它属于单种群的演化博弈。比如，经纪人从农户那里收购农产品，农户对把农产品卖给谁没有特别的偏好，谁价格高就卖给谁。那么，每一个经纪人都有两种策略，要么不惜一切代价通过提价来争夺，要么维持原来的价格，通过合作与对手以同一价格收购农产品。这种竞合博弈类似于单种群演化博弈中的鹰—鸽博弈（Hawk-Dove Game）。

　　假设两人为争夺价值为 2 的财产，每个参与人有同样的策略集：他们要么像鹰（H）一样进攻性地行动，要么像鸽（D）一样默许。当两者都像鸽一样行动，它们共享这一资源；当一个人像鹰一样行动，而另一个人像鸽一样行动，鹰式参与者将获得资源；如果两个人都像鹰一样行动，它们将打斗并消耗一部分成本。具体如表 4-6 所示。根据演化博弈论的分析，（鹰，鸽）、（鸽，鹰）虽然是纳什均衡，但并不是 ESS（演化稳定策略），而混合策略（1/4，3/4），即每个参与人以 1/4 概率选择鹰、以 3/4 概率选择鸽，才是 ESS。

表 4-6　鹰—鸽博弈列表

B A	鹰	鸽
鹰	$(-3, -3)$	$(2, 0)$
鸽	$(0, 2)$	$(1, 1)$

这是鹰—鸽博弈的典型分析,在实际生活中要复杂一些,有一些博弈的结果会有变动。为了使该模型更理贴近农产品供应链各环节内的现实博弈状况,在此基础上,我们将其中一些数值用变量来表示,如表4-7所示。

表4-7 农产品供应链网络横向竞合博弈列表

A \ B	竞 争	合 作
竞 争	$((R-C)/2,(R-C)/2)$	$(R,0)$
合 作	$(0,R)$	$(R/2,R/2)$

这里,R代表的是两个经纪人正常情况下能获得的利益总和,L是他们恶性竞争会付出的总的成本。当两个经纪人互相合作或同意一致采用原来的收购价,那他们能从农民那里各收购到一半的农产品,然后将其卖出获利,获利分别为$R/2$。当其中一个经纪人采取竞争行为,即较大幅度地提高收购价,采取合作行为(即不提价)的经纪人将无法收购到农产品,其收益就为0。(这里我们认为,小幅度提价的结果和不提价是一样的,因为一般情况下,一方小幅度提价,另一方也会跟随。只有在一方大幅度提价时,另一方才会考虑自己的能力,不跟着提价。另外,提价后经纪人的成本提高了,但是由于他在某种程度上垄断了市场,售价也可高些,所以可以认为其总的收益就是R。一方提价的目的就是为了将对手赶出这个市场)

当双方实力差不多时,一方提价,另一方采取跟随策略,这样双方的收购价就会提高,而售出价基本保持不变,这样就相当于增加了它们的成本,于是各自的收益就变为$(R-C)/2$。

接下来,我们进行演化稳定策略分析。

如果$R>C$,则(竞争,竞争)是唯一严格的纳什均衡,也是唯一的演化稳定行动。

如果$R=C$,则(竞争,竞争)是唯一的纳什均衡,但并不严格,因为当一方采取竞争策略,另一方经纪人无论采取合作策略还是竞争策略,获得的净收益是相同的,都为0。尽管如此,由于$C>0$,(竞争,竞争)仍是唯一的演化稳定行动。

如果$R<C$,(竞争,合作)与(合作,竞争)成为纳什均衡,但不是ESS。

也就是说,完全由竞争和完全由合作组成的经纪人群体在演化上是不稳定的。一般来说,在一个具有竞争性的经纪人周围有许多合作性的经纪人,对竞争性的经纪人非常有利,反之亦然。虽然竞争性经纪人总能打败合作性经纪人,但整个经纪人群体是不可能完全由竞争性经纪人组成的,因为他们无法承受竞争所造成的总体上的巨大损失。因此,比较稳定的经纪人群体是由竞争型经纪人和合作型经纪人共同组成的。[7]因为,我们一般认为人们是有理性的,将会根据经验调整自己的策略,向重复博弈过程中产生最大支付的策略移动。当然这种理性并不是有意识的学习,而是生物学上的适者生存。

二、农产品零售商之间的竞争机制分析

目前,国内农产品零售商主要为生鲜超市、农贸市场经营户(以下简称"农贸市场")和社区菜店。前些年在浙江省部分地区推广的"农改超"实际上就是由农贸市场和生鲜超市之间的竞争所引起的。当时,主要是因为农贸市场的环境差、农产品安全得不到保证。而今五六年时间过去了,农贸市场和生鲜超市并没有合二为一,相互间的竞争反而愈演愈烈。而且,社区菜店也加入到这场竞争中,成为不可忽视的一股力量。

为了更为透彻地分析它们相互间的竞争机制,下面来比较一下它们所采取的竞争手段。

(一)价格竞争

农产品流通的终端主要是普通居民,传统的家庭消费模式决定了价格是老百姓购买农产品的关键影响因素。为了降低价格,三类零售商之间可谓是绞尽脑汁。以往,农贸市场利用其租金便宜、经营户灵活销售、相关税费便宜的优点打低价牌招徕顾客。现如今,超市推出"农超对接",利用其规模大的优势,直接到农产品生产基地进行采购,绕过中间的经纪人和批发商环节,节约了采购成本,价格有时反而比农贸市场的还低一些。比如杭州华润万家超市,店里的蔬菜是农民早上6时从基地直接送来的,新鲜程度、性价比比农贸市场还略胜一筹。

而且,超市还时不时地推出特价菜,吸引了相当一部分的消费者。这

两年新崛起的社区菜店,它们往往在社区旁边租一间门面房,其面积相比农贸市场的经营户面积要大一些,销售品种比较全,它们进货往往是直接到大型农产品批发市场。由于租金比较低,进货量大从而进货成本低,使得它们在某种程度上比农贸市场更受消费者欢迎。

其实,农贸市场和社区菜店也在想方设法降低价格,吸引消费者。就拿杭州市刀茅巷农贸市场的部分经营户来说,为了与对面的超市竞争,他们除了到良渚批发市场进货,还直接从萧山菜农田边进货。另外,有些农贸市场和社区菜店还积极采取引入直供直销摊位的措施,直接将菜从农产品生产基地拉来卖,从而降低市场里的菜价。比如,杭州市拱墅区和桐庐经贸局具体的合作方式就是:由政府鼓励桐庐的蔬菜专业合作社在杭州开出分销配送中心,在拱墅区每个农贸市场选 3～8 户蔬菜经营户与分销配送中心签订购销协议,让经营户成为直销点,打响直供直销的品牌。到分销配送中心进菜的经营户,还能根据销量得到一定奖励。

根据对浙江消费者的调研来看,消费者在购买农产品时价格依然是一个重要的考量因素。特别是近年来 CPI 不断上涨,农产品的价格涨幅让老百姓连呼看不懂的情况下,价格竞争是零售商制胜的一个法宝。前些年推出的净菜超市现在已难觅踪迹了,究其原因,就是在销售中没有价格优势,多数消费者不买账。综合来看,农贸市场产品价格低的优势已经不再,生鲜超市、农贸市场和社区菜店三者之间可以说目前基本处于同一起跑线上。

(二)环境竞争

随着老百姓生活水平的提高以及购物渠道的多样化,大家在购买农产品时除了考虑价格因素外,环境的影响也很大。以前超市与农贸市场相比环境要优越得多,近几年,浙江省不少地方的农贸市场经过改造,环境也大为改善。以杭州为例,2006 年杭州市政府安排了 2000 万元专项资金用于农贸市场改造提升,各区安排有相应的配套资金。改造后经验收合格的农贸市场,按审计核定的金额由市财政补贴35%,区财政补贴35%,市场举办者承担30%。于是,在多数的农贸市场里,卤味销售采用冷藏箱形式;家禽摊位实行全封闭包厢式;窗口做成移窗;水产摊位采用玻璃格式,以避免污水横流;蔬菜摊位全部采用外斜式,用统一蔬菜筐摆放;酱菜等散装裸露食品,盛器统一加盖加罩,不露天销售。不少农贸市场的环境快赶上超市了。

不仅在硬环境上有改动,不少市场在软环境上也大为提高。以杭州市刀茅巷农贸市场为例,市场入口不光放着普通菜场常见的公平秤,还在一旁立有一个大大的电子屏幕,在屏幕上不断滚动显示各摊位蔬菜检测结果等信息。上下两层的市场里,分区很清楚。在水产区,每一种水产品都分处在统一规格的玻璃缸里,排列整齐;家禽摊位做成了全封闭式的,摊主通过玻璃窗和移门与顾客打交道,全无几年前的杂乱景象。改造后,市场内配备了地下车库,还设有冷藏保险间,配有货梯间、监控录像。整个市场灯光明亮,干净整洁,与超市环境不相上下。优质的环境吸引了不少消费者,不但留住了老顾客,还吸引了附近一些新顾客。

购物环境一方面会影响到消费者购物的心情,另一方面会从潜意识里影响消费者对产品质量的感觉。即使是在社区菜店,现在也是窗明几净,货物摆放有序,就是为了从环境上给消费者以放心的感觉。

(三)服务竞争

随着生活节奏的加快,人们对零售商的便捷服务有了更高的要求,消费者不再喜欢坐商而更喜欢主动提供良好服务的行商了。农产品服务上的竞争主要体现在品种是否多样、安全检测是否到位、营业时间是否方便、是否提供送货上门等方面。

品种上,超市与农贸市场之间是你追我赶。一直以来,许多超市门店提供组合菜,就是把洗净、切好的各色菜,进行荤素搭配,一般菜场买不到。现在,不少农贸市场也提供这项服务。比如杭州市的仙林苑菜场,销售的组合菜买回家就可直接烹饪;此外,对鸡、鸭、鱼等活体,摊贩也一律免费进行宰杀、去杂等服务。有些农贸市场还利用离老百姓居住场所近的优势,及时调研,尽量满足顾客需求。市场里每天安排人员到小区向居民问计,居民喜欢吃什么,就及时组织摊贩进行采购。

对农产品的安全质量、农药残留,一般超市都会进行检测,这项服务给消费者放心的感觉。现在很多农贸市场也提供同样的服务,并在市场内的大屏幕上公布。在杭州的劳动路农贸市场,市场入口处就有一台电子查询机,市民可以随时查询市场内所有经营户的"优良行为"、"不良行为"、"顾客投诉"等"诚信档案"。朝晖农贸市场则推出 IC 卡制度,效仿驾驶员扣点的方式,将经营户食品安全行为登记在案,扣满点数后即取消经营户的经营资质。

营业时间上,农贸市场开门早,超市关门晚,社区菜店则是起早贪黑。现在有些地方的生鲜超市也推出了早场,早上 6 点多就开始营业,吸引了一些要早锻炼的消费者。可以说,大家在时间上也做足了文章。

送菜上门可以说是一项创新服务,它满足了部分对时间要求高的客户需要。2010 年,杭州有 16 家样板农贸市场推出送菜上门服务,紧跟着,有些超市也推出购物满一定金额的送货上门服务。社区菜店送菜则更方便。

另外,人际关系、还价的感觉都成了竞争的手段。比如杭州刀茅巷菜场的经营户很重视人际关系的建立和发展,他们认为居民买菜一般喜欢找熟人摊点,因为认识的小贩比较好说话,利用良好的服务来留住老顾客。农贸市场的价格灵活性大,一种菜早中晚的价格都不相同,有些主妇喜欢讨价还价的感觉。社区菜店一个门店从蔬菜卖到禽肉水产,品种丰富、价格便宜,营业时间很长。

总体来看,目前三者之间的竞争非常激烈,中低层居民更愿意到农贸市场,对农产品价格敏感性低的中高收入阶层则倾向于到生鲜超市购物。

三、农户之间的合作机制分析

经过前些年的发展,浙江的农民逐渐认识到,种粮食不如种经济作物,单独生产不如联合生产,这里的联合生产就是指组建农业合作社。根据浙江省 2006 年农业普查的数据,截至 2006 年末,全省共有农业生产经营户 608.96 万户。在农业生产经营户中,以农业收入为主的农户占 31.5%。现在浙江省共有农业合作社 3000 家左右。在农业合作社里,社员们利益共享,风险共担,很好地体现了合作关系。

1844 年,英国人欧文创办了世界上第一家比较规范的消费合作社——罗奇代尔"平等先锋社",它以罗奇代尔原则闻名于世。它制定了以下规则:自愿入社,允许退社;社内一切重大事务都必须由社员大会讨论决定,合作社管理人员由社员大会选举产生;社员不论股份多少,每人仅有一票投票权;以社员集股的办法筹集资金,股金不参与分红,股金利息不得超过市面通行的利率;营业盈余按照社员每年与合作社的交易额来分配;货物按照市价销售,不能和私商一样涨价;售价保持现金交易,不赊账;货物要分量十足,品质真实,摈弃一切虚伪及欺诈行为。[8]这一原则很好地体现了平等合作的精神,对国内农业合作社的运作至今仍有着借鉴意义。

农业合作社一般是以能人或大户为核心组建。能人和大户的个体性经济发展到一定阶段,有限农业资源(包括土地、劳动力、资本)制约凸显,极大地制约了能人和大户的资本及市场的扩张,利益驱使他们主动寻求合作者;而能人和大户的示范效应同时刺激着周边村民,他们也渴望"搭船出海",依托能人和大户的资本、技术、市场占有份额等经济资源发展自己,"劳资"双方的合作顺理成章。从浙江省的农业合作示范章程中可以看出,社员之间的合作主要体现在资金、生产、销售、加工、品牌、原料供应、理事会管理等方面。比如,浙江金华市永丰禽业专业合作社规定了"七个统一",在《永丰禽业专业合作社运转规范》中规定"统一使用商标,注册'公众'牌商标,为本合作社全体社员共同使用;统一企业生产标准,严格按照无公害产品、绿色食品标准组织生产;统一提供鸡苗,社员向合作社按合同订单领养优质鸡苗;统一提供饲料,社员向合作社按合同订单领取饲料;统一配方,合作社向社员提供饲料配方、采购饲料,实行科学饲养;统一防疫技术服务,由合作社提供免疫程序、疫病防治和饲养管理技术;统一加工销售,社员生产的商品鸡,由合作社按照合同订单验收合格后统一加工销售。"

合作社的顺利运转靠的是成员间的相互信任,而这种信任是基于相关的制度之上的。丽水市莲都区碧湖镇农副产品产销合作社是 2008 年浙江省农民专业合作社十大创牌先锋之一,下面就以其为例分析一下相关的合作机制。

该合作社实行股份合伙经营模式,采用理事会领导下的总经理负责制。社员大会是合作社的最高权力机构,由全体社员组成;社员代表由社员直接选举产生,代表任期 3 年,可连选连任。理事会由社员(代表)大会选举产生,6 人组成,3 年任期,可连选连任。监事会是合作社的监察机构,由社员(代表)大会选举产生,5 人组成,任期 3 年,可连选连任。合作社下设办公室、营销部、加工部、财务部四个部门，充分发挥主要股东及营销会员的各自特长，在总经理领导下分组进行农产品收购、加工、销售、管理等，各尽其职、互相配合。

一开始，合作社的股金由5位发起人承担，社员不入股，只交每年20元的会员费。后来由于资金短缺，开始吸收社员股金，当时的规定是以2000元为一股，社员参股最低1股，最高10股。作为社员，他们与合作社利益共享、风险共担，享受合作社提供的各项服务、股金分红和按照交售额返还利润。

有些事情由单个农户出面成本较高，逐渐地这些事就由合作社完成了。2004年，该合作社成立了农资直供点，负责社员们的种子、肥料、农药、小型农机具的供应，将农户的单独购买变成集体批量经营。为此，合作社设立了专门机构，将专门人才集中统一经营，对农资供应商形成了价格谈判机制，不仅降低了农资销售价格，将农业生产资料销售的中间利润留在合作社内部；而且实行农业生产资料的统一供应，为合作社的万亩无公害长豇豆的生产管理提供了条件。

合作社组织社员统一种植、标准化生产，并且统一收购、集中鲜销。社员们在自己的承包土地上分户经营，但实行连片规模种植和专业化生产。通过统一供应生产资料和完成种植过程，确保豇豆质量的统一。产品丰收后，由合作社统一以注册的"碧湖绿源"商标对外销售，而且为了保证农户的收益，采用保底收购的策略。为了提高产品的附加值，合作社积极引进先进技术和资金，根据市场行情对农产品进行保鲜、加工、贮藏，做到整年供应、错开上市季节、促进初级产品转化增值；同时，利用烘干和腌制等手段对豇豆进行加工，提高收益。其流程如图4-2所示。

该合作社实行"利益共享、风险共担、二次返利"的利益机制，年终盈余按公积金、公益金（用于文化福利事业）、股金红利、社员返利、风险基金的顺序进行分配。通过合作社的运作，社员们的增收非常明显。主要是因为通过合作，能够从四个方面带来效益：一是传统农业向商品农业和现代农业发展带来的巨大发展空间；二是专业化生产、产业化经营带来的规模效益；三是合作社集中经营，将过去由中间商获得的利润留在了合作社内部；四是变农村闲置劳动力为充分就业和高效率劳动创造的利润。

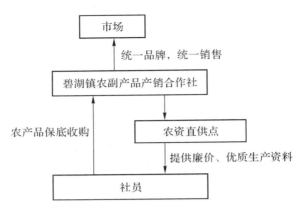

图 4-2　碧湖镇农副产品产销合作社流程

第四节　农产品供应链竞合的保障机制

农产品供应链上的竞争与合作,能够增强供应链的核心竞争力,推动其向前发展。当然,这有个前提,即公平的竞争与合作。为了确保公平,就应该采取相应的措施,提供有效的保障。近年来,"三聚氰胺"、"苏丹红"、"瘦肉精"等食品安全问题层出不穷,"蒜你狠"、"豆你玩"、"姜你军"等部分农产品的价格又被人为炒高,给农产品流通中的竞争与合作带来了较大的负面影响,这些都对保障机制的建立提出了迫切的要求。

一、食品安全追溯机制

为保证农产品质量安全,需要从源头开始抓好农产品安全监管工作,建立一套质量追踪、追查、追溯的机制和制度,保证农产品质量安全。一旦农产品出现问题,特别是出现危及消费者生命和健康的重大问题时,可追究直接责任人和监管部门的违规责任。通过建立从产地到市场的全程质量控制系统和追溯制度,对农产品产地环境、生产过程、产品检测、包装盒标识等关键环节进行监督管理,保障农产品的质量安全。

106

（一）政府有关部门的官方检测

食品安全是关系到民生的一件大事,随着近年来一系列食品安全事件的出现,我国政府加强了对食品质量的检测追踪。在浙江,由地方政府出资,许多农贸市场设立了食品检测机构,对进出的食品进行抽检。政府有关部门还设有专门的检测机构,对农产品的质量进行检测,这样的操作对市场上的不法分子有一定的威慑,从而在确保产品质量的同时促使大家用合法的手段进行竞争。参照发达国家的经验,我们发现单个环节的检测还存在一些漏洞,更完善的是建立全程监控的系统。实际上从 2008 年起,杭州市就开始着手建立以批发市场为重点的流通领域质量追溯管理机制和以农业企业、农民专业合作社、认证产品生产基地为重点的生产领域质量追溯管理机制,在杭州市区的农贸市场、超市,一律凭有效规范票据或产地标志卡等凭证,对农产品实行零售市场准入。该措施正逐步在浙江省各地进行推广,建立可追溯制度后,一旦农产品出了问题,买家可以找到农贸市场,农贸市场可以找批发市场,批发市场找菜农。直接查到不合格农产品的源头,责任就可以一查到底。

具体实施时,在生产环节通过 IC 卡记录菜农全部信息,在批发市场不合格蔬菜就地销毁,在农贸市场通过登记备案保证质量可追溯。通过官方对农产品安全的检测追溯,可以将各种影响产品质量的违法操作降到最低,从而为农户以及农产品经销商等的公平竞争提供保障。

（二）企业自建可追溯系统

其实,食品安全的追溯不仅政府有关部门有必要实施,作为企业自身也很有必要自建一套可追溯系统。自愿性的可追溯系统对企业有针对性,企业可自由选择建立符合自身实际情况的可追溯系统,在竞争日益激烈的市场中抢占先机。企业实施农产品的可追溯系统,对企业自身非常有利,主要表现在:①增强消费者消费信心;②反应迅速,降低召回成本;③掌握上游企业的供应信息,确保食品质量。如果企业能够主动地对农产品进行检测跟踪,它们就能在某种程度上预防事故的发生,避免事态的恶化。比如,前几年奶粉中掺三聚氰胺的事件,就在于很多企业在检测时把关不严,贪图小利,结果等到东窗事发,损失更大。所以,企业如果平时的检测追溯执行得很好,老百姓就会信赖这个品牌,这对企业的品牌维护有很大的帮助,也有利于其在竞争中占据优势。

相关企业应建立起一个"以生产技术档案为管理平台、以产品追溯条码为信息传递工具、以产品追溯标签为表现形式、以查询系统为市场服务手段"的农产品质量安全追溯系统。通过建立农产品质量安全追溯信息平台,逐步实现农产品质量信息可查询,质量安全可追溯,问题产品可召回。

二、维护公平竞争机制

(一)反垄断法

我国 2008 年 8 月 1 起施行《中华人民共和国反垄断法》,其中规定经营者达成垄断协议,经营者滥用市场支配地位,具有或者可能具有排除、限制竞争效果的经营者集中等行为为垄断行为。其禁止具有市场支配地位的经营者从事下列滥用市场支配地位的行为:以不公平的高价销售商品或者以不公平的低价购买商品;没有正当理由,以低于成本的价格销售商品;没有正当理由,拒绝与交易相对人进行交易;没有正当理由,限定交易相对人只能与其进行交易或者只能与其指定的经营者进行交易;没有正当理由搭售商品,或者在交易时附加其他不合理的交易条件;没有正当理由,对条件相同的交易相对人在交易价格等交易条件上实行差别待遇。

另外,该法在第二十八条规定:"经营者集中具有或者可能具有排除、限制竞争效果的,国务院反垄断执法机构应当作出禁止经营者集中的决定。"第三十二条规定:"行政机关和法律、法规授权的具有管理公共事务职能的组织不得滥用行政权力,限定或者变相限定单位或者个人经营、购买、使用其指定的经营者提供的商品。"

反垄断法的推出,为农产品经营中的公平竞争与合作提供了可靠的保障,它能对利用垄断行为谋利的商人进行约束。不过,由于它在国内推出的时间并不长,真正执行的案例并不多。特别是在农产品流通领域,有些是介于垄断与非垄断之间的,难以界定,因此人们对反垄断法的效力还有些怀疑。现在已经是有法可依,大家更希望尽快做到执法必严,违法必究。

(二)打击炒作

要打击部分投机分子对农产品的炒作,可以借鉴美国农业的"新奇士"

模式。也就是通过政府或中间批发商和农民做整合,整合种子、种苗、农药、化肥、科技指导、收购包装、仓储运输、批发零售等环节,即将农业产业集群里的所有单独的分工整合成一条产业链,不给投机商以机会。具体实施包括两个方面:第一,给农民股权。农民的股权不是看他们实际出资多少,而是根据每个农民生产多少农产品来配给股权。如果农民 A 的产量为50%,农民 B 的产量为 30%,农民 C 的产量为 20%,那这三个农民的股权就是 50%、30% 和 20%。第二,聘请职业经理人贯穿经营整条产业链。整条产业链的利润分配要公开、透明,要为每一个产业链环节设定合理的利润。比如,以前农产品从种植到销售总共增值了 10 元,农民只分配到了 1元,其余 9 元被流通环节的中间商赚取了。由于游资的炒作,1 元钱的农产品炒到了 100 元,但农民还是只获得了 1 元,中间商拿走了 99 元,这就更不合理了。现在通过产业链的整合,缩短中间环节,将农产品提价,还可以在终端降价。现在农民的获利变为 2 元,中间环节获利 3 元,消费者买到手也只花了 5 元。而且最后 2 元的利润应该按照 50%、30%、20% 的股权比例来分配给三个农民。

 [案例分析] ————————————————————————————

杭州超市与"金龙鱼"之间的竞合关系

2010 年年底,杭州的世纪联华超市、华润万家超市、物美超市等相继提高了"金龙鱼"食用油的销售价格。在这场涨价风波中,控制流通渠道的超市在经过一番挣扎之后,最终还是对"金龙鱼"俯首称臣。

据统计,世纪联华超市是浙江最大的连锁超市,在浙江开有 40 多家大卖场和 300 多家门店。但是在"金龙鱼"的"威胁"下,超市还是无奈地接受了提价 10% 的要求。公司相关负责人表示,虽然公司控制着浙江最重要的零售渠道,但备货只够支持一两天,涨价实属无奈。同为超市行业的华润万家在杭州有 4 家店,超市的采购经理说,"'金龙鱼'前几天书面通知要求超市当天就提价,双方一直扛着,但现在超市已经全面断货了。如果不调价,他们就不发货,没办法!"因为单单一个"金龙鱼"就占据了该超市小包装油销量的三分之一。其中,占调和油销量的 70%、占大豆油销量的 30%⋯⋯如果"金龙鱼"撤下柜台,超市食用油类产品的销售量将降低 25% 以上。

那么，"金龙鱼"为什么突然提价呢？根据专家的分析,公司提出来的成本上涨的压力其实并不存在。据调查,市场上每吨豆油的批发价在 7600 元左右,豆粕的价格是 3200 元左右。按照常用的方法可以计算出油、豆价格的平衡点,$(7600 \times 18.5\% + 3200 \times 80\%) - 150 = 3816$ 元。也就是说,在目前的豆油、豆粕价格情况下,大豆价格如果低于 3816 元/吨,那么企业是盈利的;如果高于 3816 元/吨则是亏损的。但实际上,国际大豆的价格在 3500 元/吨左右,远远低于其临界值,炼油企业依然利润丰厚。

可以看出,"金龙鱼"这次选择提价,就是为了单方面获取更多的利润。"金龙鱼"敢在整个行业内第一个提价,是因为它背后有一个巨大的靠山。不少人也许以为"金龙鱼"品牌属于国内企业,其实早就不是了。它现在隶属于益海嘉里集团,益海嘉里总部设在上海,是由新加坡丰益国际和美国 ADM 公司共同设立的。丰益国际是世界上最大的粮食、食用油及农产品供应商、贸易商之一。按照股份统计,丰益国际是"金龙鱼"、"胡姬花"、"鲤鱼"、"香满园"的大股东,是"鲁花"的小股东。而美国 ADM 是世界上最大的大豆、谷物、小麦和可可加工企业。行业内,通常把四家食用油垄断企业称为"ABCD"。A 就是美国 ADM、B 是美国邦吉、C 是美国嘉吉、D 是法国路易达孚,美国 ADM 位列第一。背靠着丰益和 ADM,手握着中国市场上主流食用油品牌,益海嘉里自然敢于第一个跳出来挑起涨价大旗。

从这个例子可以看出,农产品供应链上的竞争与合作关系,实力会起很大的作用。实际上,食用油加工市场现在属于寡头垄断,益海嘉里集团就是其中的一个寡头,寡头在某种程度上拥有价格的决定权。它们对大豆的收购价有一定影响力,对超市的进价也是说了算的。这样,大豆生产商和超市在与其合作时就处于被动的局面。这里实际上说明的是农产品供应链上加工企业和经销商之间的竞合关系。在一定的范围内,如果双方实力相差悬殊,势力大的一方在一定范围内会有改变原有策略的冲动,打破原有的合作关系。那么,另一方是否同意让步就是竞争的表现。如果超市坚持不让步,那么结果当然是两败俱伤,不过因为益海嘉里集团实力超强,这点损失对它而言并没什么;但是对于超市就有些伤筋动骨了。最终,超市选择了妥协。所以,农产品供应链上核心企业的作为会对供应链业务的开展影响较大,为了保证农产品供应链的顺利运作,政府应适当地介入到供应链中去,避免损害供应链运作的行为发生。

目前虽然不能说中国食用油行业被跨国公司控制,但确实正在被蚕食。这次食用油的涨价也给我国食用油产业安全提出了警示,国家应出台食品加工行业扶持政策,除了在粮食收储方面,还应该在产业扶持上加强力度。从战略角度出发,民族企业应该掌控70%以上的榨油能力。

三、信息共享机制

要杜绝一些不法分子的歪脑筋,就应让相关的信息在公众中充分地实现共享。以前,有些地方出了问题不公布,怕影响声誉,捂住盖子,结果反而造成更大的恶果。其实,公众现在心理有所改变,你犯了错误不要紧,要紧的是你要有承认错误的勇气,并能及时改正。农产品相关信息的共享对供求双方都是有利的,从现有的技术看,三网合一是比较有效的方式。

"三网合一"指的是通过对因特网、物联网及农产品物流信息网这三个网络的建设和整合,构筑农产品供应链管理新平台。在"三网合一"的供应链管理平台上,各个网络所承担的功能不一样,它们各自所依托的资源也不尽相同。首先,因特网,它所依托的是一种全新的技术资源,通过它在全球范围内的复制性建设,可构筑在信息高速流转时代的技术平台。其次,农产品供应链主要包括五个环节,即原料供应环节、生产环节、加工环节、流通环节和消费环节。通过物联网,企业可以实现对每一种农产品的实时监控,对物流体系进行管理,不仅可对农产品在供应链中的流通过程进行监督和信息共享,还可对农产品在供应链各个环节的信息进行分析和预测。通过对农产品当前所处环节的信息进行预测,估计出未来的趋势或意外发生的概率,及时采取补救措施或预警,提高农产品供应链管理水平,增强企业对市场的反应能力。物联网将有效地解决农产品质量安全问题。从产品生产(甚至是原材料生产)开始,就在产品中嵌入 EPC 标签(电子产品编码），记录产品生产、流通的整个过程。消费者在购物时，只要根据卖家所提供的产品 EPC 标签，就可以查询到农产品从原料供应、生产、加工到食品，再到销售的整个过程，以及相关的信息，从而决定是否购买，彻底解决了商品信息仅来自卖家介绍的问题。

另外，还要充分运用农产品物流信息网，强化追溯、预警和信息发布，逐步建立起农产品质量安全综合管理信息平台。现在多数农业网站的更新缓慢，相关信息发布滞后，并没有很好地起到告知作用。其实，并不是没有收集相关信息，而是出于各种考虑不愿发布而已。政府应对这种现象采取措施使其有所触动，因为只有信息公开了，百姓消费才更放心。

四、农产品的定价机制

一批农产品从农户到老百姓的餐桌上，一般要经历收购、批发、零售三个环节。其中，农户这里分配到的利润，是最低的。这是由农产品在各流通环节的定价机制所决定的，从农户手上收购的价格主要取决于市场上整体的供求关系，而到流通环节时，则一般是成本加利润的方式。

（一）农产品收购环节的定价

农产品收购时农户往往处于弱势地位，一方面，由于信息的不畅通，他们对于市场上产品总体的供求关系并不清楚，易受收购商压价。另一方面，分散的农户在价格谈判时本就处于不利地位，由于农产品不易存放，不及时卖出损失就会更大。因此在业内有句话叫"种菜的不如卖菜的"，菜农主要靠天吃饭，风险性很大。不过，近年来也出现了部分农产品收购价不断高涨且供不应求的局面，这主要是由于农户以农业合作社的名义集体运作，并使农产品戴上了知名品牌商标的缘故。

比如苏州阳澄湖的大闸蟹，在当地大闸蟹行业协会的统一运作下，利用大闸蟹优良的品质和悠久的历史打响了"阳澄湖大闸蟹"的品牌，吸引了大量的中高端消费者。国内市场上每年要消费 5 万吨大闸蟹，而阳澄湖大闸蟹一年的产量总共只有 2000 吨，这就使得其一直处于供不应求的状态，使农户在产品销售时定价处于优势的地位。另外，在 2007 年以前，当地大闸蟹的出水价一直是由行业协会定的，他们信息渠道广，因而更能定出有利于农户利益的价格。2002年,协会发布收购指导价:阳澄湖4两雄蟹170元/千克;2003年涨到210元/千克;2004年涨到224元/千克。虽然从2007年起,协会不再统一定价,转而由各个企业、市场、饭店等自己定价。但是由于其良好的品牌,每年收购季都会进行一番炒作,推高价格。

(二)流通环节的农产品定价

流通环节农产品的销售价,一般由进价加成本加利润组成,它受市场供求关系的影响并不大。因为如果销售价很低导致没有利润,中间商就会选择不做,或是回过头去压低农户的价格。他们不用完全靠天吃饭,风险还是比较小的。一般而言,从批发市场到城内的零售市场,蔬菜加价往往超过50%,其中少数菜品价格甚至翻倍。

下面是新华社"新华视点"记者2010年10月调查的一个例子,其反映的是长短匀称、卖相出众的小尖椒从绍兴某农业基地进入居民餐桌的全过程。"头道贩子"老郭在农户那里的收购价是4.6元/千克,其加上0.4元成本和1元利润后,以6元/千克的价格卖给小批发商小陈。(这里的成本主要包括批发市场的管理费、运输成本以及老郭一行3人一天吃喝费用、两个小工的工资)老郭这个环节,赚的基本上是跑量的辛苦钱。小陈批发来的蔬菜,转手卖给农贸市场的零售商,要加1~2元的利润,这主要看对方要的数量多少而定。以他卖给经营户徐阿姨为例,徐阿姨要了25千克,量小就要8元/千克。徐阿姨在三里亭农贸市场销售,她再加上4元/千克的利润,这样到消费者手上,就是12元/千克的价格。根据课题组在杭州市部分农贸市场调研的结果,农贸市场蔬菜经营户的成本除了进货成本外,主要还包括摊位费、水电费、运输费、蔬菜损耗费等几项,平摊下来,这些一般会占到菜价的20%~30%。零售商的加价一般是在进价基础上加50%~100%。菜贩的毛利润如果是100%的话,除去运费、整理蔬菜的损耗、摊位费等成本,一般净利润在40%。

附录:

浙江省农民专业合作社示范章程

(第____次社员(代表)大会通过,第____次社员(代表)大会修改)

第一章　总　则

第一条　为规范本社的活动行为,根据《浙江省农民专业合作社条例》和有关法律、法规和政策,结合本社实际,制定本章程。

第二条　本社是在家庭承包经营的基础上,从事的生产经营者,依据加入自愿、退出自由、民主管理、盈余返还的原则,按照本章程进行共同生产、经营、服务活动的互助性经济组织。

本社名称:合作社。

本社住所:_____

第三条　本社由(注:发起人姓名或名称)_____等_____个社员组成,经工商行政管理机关登记注册,取得企业法人资格。

第四条　本社经营范围:_____(以工商行政管理机关核定为准)。

第五条　本社依法独立承担民事责任。本社社员以其出资额为限对合作社承担责任,本社以其全部资产对本社债务承担责任。

第六条　本社努力为社员提供产前、产中、产后服务,组织社员开展生产经营,扩大产业规模,提升产品品质,提高社员生产经营的组织化程度,降低风险,依法维护社员的合法权益,增加社员收入。

本社接受农业行政主管部门的指导、协调和服务。

第七条　本社的主要任务:

(一)统一建设标准化示范基地,开发、引进、试验和推广新品种、新技术、新设备、新成果;

(二)统一制定并组织社员实施产品生产质量标准,组织开展社员生产经营中的技术指导、咨询、培训和交流等活动,向社员提供生产技术和经营信息等资料;

(三)统一组织采购、供应社员需要的种子种苗、生产原料和农用物资等农业投入品,开展社员需要的运输、储藏、保鲜等服务;

(四)统一组织销售社员的产品;

(五)统一注册商标、产品包装、广告发布和市场开拓;

(六)统一申报认证认定无公害基地、无公害农产品、绿色食品、有机食品及著名商标、知名商号和地方名牌等,提升产业和品牌;

(七)统一开展社员需要的法律、保险等服务和文化、福利等其他事业。

第二章 股金设置

第八条 本社注册资金由社员认购的股金组成。

第九条 社员认购股金可以货币出资,也可以实物、技术、土地承包经营权等作价出资(实物、技术、土地承包经营权等出资认购股金的,必须经具有评估资格的资产评估机构评估作价)。

评估作价出资认购与货币出资认购享受同等权利。

第十条 社员认购的股金,本社向社员签发股权证书,作为所有者权益和盈余分配的依据,并以记名方式进行登记。

第十一条 本社注册资金为_____元,每股股金_____元。单个社员(含团体社员)认购的股金不高于_____股(单个社员的股金不得超过总股金的 20%)。从事生产的社员认购的股金不低于_____股(从事生产的社员认购的股金应占本社股金总额的一半以上)。

社员之间可以联合认购股金,联合认购股金的社员应推选一名社员,并由其进行注册,履行相应的权利和义务。

社员的姓名(名称)、认购的股金、出资方式、所占比例如下(或附后):_____。

第十二条 社员部分或全部股金,经理事会审核,社员(代表)大会审议通过,可以在社员之间转让。

第三章 社 员

第十三条 凡从事与本社同类或相关产品,有一定的生产规模或经营、服务能力,具有完全民事行为能力的个人和组织,承认并遵守本章程,自愿提出入社申请,认购股金,经理事会(合作社成立前由发起人)讨论通过,成为本社社员。

第十四条 以组织名义入社的社员,其权利和义务由该组织法定代表人负责行使。

第十五条 社员的权利:

(一)有权参加本社社员(代表)大会,并有表决权、选举权和被选举权;

(二)享有本社提供的各项服务和产品优先交售权;

(三)享有按股金额和交易额参加盈余分配权;

(四)享有民主管理、民主监督权,有权对本社的工作提出质询、批评和建议;

（五）有权建议本社召开社员（代表）大会；

（六）有权拒绝本社不合法的负担；

（七）有权申请退出本社；

（八）享有本社终止后的剩余财产分配权。

第十六条　社员的义务：

（一）遵守本章程及本社各项制度，执行社员（代表）大会和理事会的决定，支持理事会、监事会履行职责；

（二）按本社规定认购股金，并承担相应责任；

（三）严格履行与本社签订的各项协议或合同，按规定的生产质量标准和要求组织生产、提供产品；

（四）积极参加本社组织的学习、培训等各项活动，积极向本社反映情况，提供信息；

（五）根据社内分工，发扬互助协作精神，积极开展生产、经营和服务活动；

（六）维护本社利益，保护本社财产，爱护本社的设施；

（七）承担本社认为需要承担的其他责任。

第十七条　社员退出本社须以书面形式提出，出具责任担保字据，经理事会讨论通过后办理相关手续。退社后，其入社股金于该年度年终决算后两个月内退还。如本社经营盈余，可参加盈余分配；本社经营亏损，应扣除其应承担的亏损份额。合作社公共积累不能分配。

第十八条　有下列情况之一，经理事会批评教育无效，由理事会决定予以除名，并办理退社手续：

（一）不遵守本社章程和各项制度；

（二）不履行社员义务；

（三）其行为给本社名誉和利益带来严重损害；

（四）违反国家法律、法规，被依法惩处的。

第十九条　社员死亡的，其社员资格和股金可由其具有入社条件的继承人继承。继承人不愿意入社或难以继承的，可按本章程规定办理退社手续。

第四章　组织机构

第二十条　本社设立社员(代表)大会、理事会、监事会等组织机构。

第二十一条　社员(代表)大会是本社的最高权力机构。社员(代表)大会由全体社员(代表)组成。社员代表由社员选举产生,代表人数不少于社员人数的_____分之一。代表任期3至5年,可连选连任。

第二十二条　社员(代表)大会的职权:

(一)审议、修改章程;

(二)选举或者罢免理事会、监事会(监事)成员;

(三)决定增减注册资金和股金转让;

(四)决定合并、分立、终止、清算;

(五)审议理事会、监事会(监事)工作报告和财务报告;

(六)决定生产经营方针和投资规划;

(七)决定社员认购的股金总额、每股金额、单个社员认购股金最高份额和生产的社员认购股金的最低份额;

(八)决定重大财产处置;

(九)决定盈余分配和弥补亏损方案;

(十)需要社员(代表)大会审议决定的其他重大事项。

第二十三条　社员(代表)大会每年至少召开1次。遇有下列情形之一时,可以临时召开社员(代表)大会:

(一)四分之一以上社员或三分之一以上社员代表提议;

(二)监事会(监事)提议;

(三)理事会认为有必要的。

第二十四条　社员(代表)大会应当有三分之二以上社员(代表)出席方可召开。

第二十五条　社员(代表)大会表决实行一人一票方式(或者按交易额与股金额结合的一人多票方式。但单个社员最多不得超过总票数的百分之二十)。

第二十六条　社员(代表)因故不能到会,可书面委托其他社员(代表)代理,一个社员(代表)最多只能代理2名社员(代表)。各项决议须有出席会议的三分之二以上社员(代表)同意,方可生效。

第二十七条　召开社员（代表）大会前，理事会须提前 5 天向社员（代表）书面报告会议内容，否则社员（代表）有权拒绝参加。

第二十八条　理事会是本社的执行机构，负责日常工作，对社员（代表）大会负责。理事会由理事人（单数）组成，理事由社员（代表）大会选举产生，任期 3 至 5 年，可连选连任。理事会选举产生理事长 1 人，副理事长人。理事长为本社的法定代表人。

第二十九条　理事会的职权：

（一）组织召开社员（代表）大会，执行社员（代表）大会决议；

（二）向社员（代表）大会提交需讨论审议的章程、制度、工作计划等有关事项；

（三）讨论决定内部业务机构的设置及其负责人的任免；

（四）讨论决定入社、退社、除名和继承；

（五）讨论决定对社员与职员的工资、奖励和处分；

（六）根据本社发展需要为社员提供各项服务；

（七）聘用或解雇本社职员；

（八）管理本社的资产和财务；

（九）履行章程和社员（代表）大会授予的其他职责。

第三十条　理事会负责经营本社业务，保障本社的财产安全。如有渎职失职、营私舞弊等造成损失的，应追究当事人的经济责任。构成犯罪的，由司法机关依法追究刑事责任。

理事会应严格执行各种报告制度，按期向社员（代表）大会报告本社生产、经营、服务和内部管理、财务等情况。

第三十一条　理事会议每年至少召开 2 次。每次会议须有三分之二以上理事出席方能召开，参加理事会议的三分之二以上理事同意方可形成决定。召开理事会议由理事长主持，应邀请监事长（或监事代表）列席，必要时可邀请社员代表列席。列席者无表决权。理事个人对某项决议有不同意见时，须将其意见记入会议记录。

第三十二条　理事长的职权：

（一）主持本社的日常工作，负责召开理事会议；

（二）根据社员（代表）大会和理事会的决定，组织实施年度生产经营计划和生产、经营、服务活动；

（三）组织拟订本社内部业务机构和各项制度；

（四）代表本社对外签订合同、协议和契约；

（五）提请聘请或解聘本社财务人员和其他管理人员；

（六）组织落实本社的各项任务；

（七）履行本社章程和理事会授予的其他职责。

第三十三条　监事会是本社的监察机构，代表全体社员监督和检查理事会的工作，对社员（代表）大会负责。监事会由监事组成，监事由社员（代表）大会选举产生，任期 3 至 5 年，可连选连任。监事会选举产生监事长 1 人，副监事长＿＿＿＿＿＿人。（社员人数较少的合作社，可以只设 1～2 名监事）

第三十四条　监事会（监事）的职权：

（一）监督理事会对社员（代表）大会决议和本社章程的执行情况；

（二）监督检查本社的生产经营业务和财务收支情况及盈余分配情况；

（三）监督社员履行义务情况；

（四）向社员（代表）大会提出工作报告；

（五）派代表列席理事会议，向理事会提出工作的建议；

（六）提议临时召开社员（代表）大会；

（七）履行社员（代表）大会授予的其他职责。

第三十五条　监事会议由监事长主持，会议决议应以书面形式通知理事会。理事会应在接到通知 10 日内作出响应，否则为理事会失职。

第三十六条　监事会议须有三分之二以上的监事出席方能召开。出席会议的三分之二以上的监事通过，方能作出决议。监事个人对某项决议有不同意见时，须将其意见记入会议记录。

第三十七条　本社理事、财务负责人不得担任监事。

第三十八条　社员（代表）大会、理事会、监事会决定事项和执行情况，应采取适当形式及时向社员报告。

第五章　财务管理与盈余分配

第三十九条　本社应依照有关法律、法规、政策和规定，建立健全财务和会计制度。本社实行独立核算，自负盈亏，社员利益共享，风险共担。

第四十条　本社资金来源包括：

（一）社员股金；

（二）盈余分配中提留的公积金、公益金和风险金；

（三）未分配利润；

（四）金融机构贷款；

（五）政府扶持资金和接受的捐赠；

（六）其他资金。

第四十一条　政府扶持和其他组织、个人增予本社的资产，均按接收时的现值入账，作为本社的财产，用于本社的发展。国家另有规定或者双方另有约定的除外。

任何单位与个人无权平调本社资产。

第四十二条　社员向本社交售符合质量要求的产品，实行验收定级记账。资金结算可以待本批次产品销售完毕后进行，也可以按本批产品销售时的时常平均价预付。

第四十三条　本社按日历年度进行会计核算。理事会须在每一季度（或每月）终了时将上期财务收支情况向社员公布。理事会须于每年1月31日前向社员（代表）大会提交上年经监事会（监事）审核的资产负债表、损益表、财务状况变动表。

根据农业行政主管部门的要求定期向其上报有关财务、会计和统计报表。

第四十四条　扣除当年生产成本、经营支出和管理服务费用等，年终盈余按下列项目分配和使用。

（一）公积金，按盈余一定比例提取，用于扩大服务能力、奖励及弥补亏损；

（二）公益金，按盈余一定比例提取，用于文化、福利事业；

（三）风险金，按盈余一定比例提取，用于本社的生产经营风险。

（四）盈余分配，提取公积金、公益金和风险金后，按交易额和股金额进行统筹分配。

上述分配项目、提取比例和分配数额，由理事会提出方案，经社员（代表）大会讨论决定后实施。

第四十五条　本社独资或与外单位联合兴办的企业,实行独立核算。本社作为产权单位行使监督权,享有收益权。

第四十六条　本社如有亏损,经社员(代表)大会讨论通过,可用风险金、公积金弥补。风险金、公积金不足以弥补上一年度亏损的,可用以后年度盈余弥补;因弥补亏损所减少的资金,社员(代表)大会应酌情规定补充的办法和期限。

第四十七条　本社财会人员实行持证上岗,会计和出纳不得相互兼任,理事、监事及其近亲属不得担任本社的财会人员。

第四十八条　本社根据社员(代表)大会或理事会的决定、监事会的要求,可委托农业行政主管部门或其他审计机构进行年度审核和专项、换届审计。

第六章　变更和终止、清算

第四十九条　本社名称、住所、法定代表人、注册资金、股金结构、经营范围等发生变化时,须向工商行政管理机关申请办理变更等相关手续。

第五十条　本社遇下列情况之一,应及时向工商行政管理机关办理注销手续,予以终止。

(一)本社规定的营业期限届满后不再继续生产经营的;

(二)本社社员(代表)大会决议解散的;

(三)本社合并或分立需要解散的;

(四)本社违反法律、行政法规被依法责令关闭的;

(五)不可抗力事件致使本社无法继续经营时;

(六)宣告破产。

第五十一条　在确定终止后,理事会应在1个月内向社员宣布解散。

第五十二条　本社决定终止时,由社员(代表)大会选出_____人组成清查小组,对本社的资产和债权、债务进行清理,并制定清偿方案报社员(代表)大会批准。本社共有资产按下列顺序清偿:(1)支付清算费用;(2)支付所欠职员劳动工资;(3)缴纳所欠税款;(4)抵偿债务;(5)按社员认购股金比例返还股金;(6)按社员认购股金比例进行分配。清算完毕后,应及时向社员公布清算情况,并向工商行政管理机关申请注销。

第七章　附　则

第五十三条　本章程有关条款若与国家颁布的法律法规相抵触,应按国家有关法律法规进行修改。

第五十四条　本章程未尽事宜,由理事会负责修订,也可以制定补充条款,经社员(代表)大会讨论通过实施。

第五十五条　本章程由社员(代表)大会表决通过,社员(代表)或合作社理事在章程上签字,并报农业行政主管部门备案。

第五十六条　本章程由本社理事会负责解释。

第五十七条　本章程自_____年____月____日起执行。

社员(代表)签名:_____

——选自浙农经发〔2005〕11号文件

参考文献

[1]刘巨钦,刘玲.基于竞合机制的湖南汽车产业集群化发展策略研究[J].湖南财经高等专科学校学报,2008(2).

[2]刘永悦,姜法竹.大宗农产品供应链协调问题分析[J].物流科技,2009(12).

[3]汤晓丹.基于博弈分析的农产品供应链信任机制及其建立研究[J].物流科技,2010(9).

[4]李娟,傅少川.我国农产品供应链模型的构建及博弈分析[J].物流技术,2009(8).

[5]谢识予.经济博弈论[M].上海:复旦大学出版社,2002.

[6]胡宪武,滕春贤.供应链企业关系稳定机制的竞合博弈分析[J].统计与决策,2010(22).

[7]王玲.供应链网络竞合机制:一个演化博弈的视角[J].预测,2007(5).

[8]王景新.乡村新型合作经济组织崛起[M].北京:中国经济出版社,2005.

第五章　农产品出口供应链优化研究

引　言

近些年,国内外一些专家学者对农产品的供应链管理进行了大量研究。在国外文献中,Vetter 等(2002)的研究指出,纵向一体化可以作为解决信任品市场上存在的道德风险问题的有效途径,而政府多部门的监管则不利于供应链的一体化。Raynaud 等(2002)运用新制度经济学的分析框架,讨论了农产品供应链的治理结构与质量信号之间的关系。Menaud 等(2004)指出了数十年来欧美农产品供应链有向紧密协作和一体化程度加强的趋势。

在国内,宋华等(2000)认为,按照主导者的不同,农产品供应链可以划分为农产品批发商主导型模式、农产品加工商主导型模式和大型零售商主导型模式。张云华等(2004)提出,保证食品安全必须实行食品供应链的纵向契约协作或所有权一体化。杨平等(2007)的研究认为,要解决目前农产品物流企业运行中存在的高交易成本和过度竞争的问题,农产品物流企业必须实行"内部联合"和"外部合作"。刘晖等(2008)提出可以利用电子商务对农产品的供应链进行整合。焦志伦(2009)基于食品安全提出了封闭的供应链设计,提出分别以生产、分销、加工、销售阶段的核心企业为主导对食品安全进行监管，再辅之以第三方监管进行完善。汪普庆等（2009）的研究认为，农产品供应链的纵向协作越紧密（一体化程度越高），产品的质量安全水平越高，所以在农产品的质量安全保障方面，完全一体化（公司返租、合伙制）优于"公司＋农户"、优于蔬菜生产基地、优于散户生产。李小雪等（2009）是基于品牌战略对农产品的供应链管理进行研究，提出应以品牌为立足点，采取农业产业化经营的方式。邓俊淼等（2009）提出，农户对农产品相关信息的获取是影响我国农产品供应链增值的重要因素。

在此基础上，本章专门针对出口导向的农产品供应链优化进行研究，以期对国内农产品出口竞争力的提高提供一定的帮助。

第一节　浙江农产品出口供应链的现状

一、浙江农产品出口现状

浙江是农产品出口大省，农产品（WTO 谈判口径＋水产品）出口曾连续 8 年名列全国第三位。国际金融危机以来，发达国家纷纷采取贸易保护主义，频频设置技术性贸易壁垒，浙江省农产品出口遭受不利影响，于 2009 年首次出现负增长。不过，随着西方发达国家经济的复苏，浙江的农产品出口又恢复了快速的增长。2010 年，浙江省农副产品出口贸易总额 80.87 亿美元，比 2009 年增长 22.97％，是 2001 年的近 3 倍。其中，农产品（WTO 谈判口径）出口总额 22.30 亿美元，同比增长 18.21％，水产品出口总额 14.34 亿美元，同比增长 27.96％，农副产品加工品出口总额 44.23 亿美元，同比增长 23.91％。浙江省近十年农副产品出口额增长如图 5-1所示。

（一）农产品出口区域不平衡

在浙江 11 个地市中，农产品出口的重点地区是宁波、杭州、嘉兴、台州、舟山、湖州、温州等 7 个市，它们的出口额超过全省总额的 80％。浙江

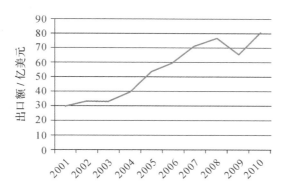

图 5-1　近 10 年浙江省农副产品出口额增长情况

农产品出口的主要品种有茶叶、蜂蜜、水产品、橘子罐头、羽绒羽毛、食用菌等，水果蔬菜也有一些。以橘子罐头为例，浙江省每年出口 16 万～18 万吨，占全国一半以上，浙江广大的橘农养活了工厂，同时工厂生产也帮助了果农，支持了整个柑橘产业的发展。浙江省的橘子罐头主要销往美国、日本、欧盟市场。近年来，由于欧洲的反倾销设置了高额关税，以及美国受到金融危机影响，使得浙江的橘子罐头出口增速减缓。

　　浙江是个出口依存度较高的省份，农业也不例外。其农业外向度达52.7%，据统计，农民人均收入的 10% 来自于出口农业。一些农产品及其加工制品，不仅主导全国市场，而且国际市场声誉良好，初步形成了农产品出口主体、产品、方式和市场"四个多元化"的新格局，在带动全省农业发展、提升农产品质量、增加农民收入等方面发挥了重要作用。按每出口 1万美元农副产品提供 10 个就业岗位计，全省农产品出口共提供 700 多万个就业岗位。由此可见，浙江省的农产品出口对当地经济的影响还是相当大的。

(二)农产品出口市场分布

　　浙江的农产品出口市场分布很广，无论是西方发达国家，还是亚非拉的发展中国家，都有浙江农产品的踪迹。以茶叶为例，浙江的茶叶出口占全国茶叶出口的一半左右，其中又以杭州和绍兴两地为最多。目前浙江已与世界上近 60 个国家和地区建立了茶叶贸易关系，主要是摩洛哥、俄罗斯、塞内加尔、阿富汗、日本、欧盟等国家和我国香港特别行政区，出口茶类有珠茶、眉茶、蒸青茶和名优茶等。其中,高档眉茶出口主要集中在西非和摩洛哥市场,中档眉茶出口中亚市场,茶片出口美国和尼日利亚市场;珠茶出口主要集中在摩洛哥市场(传统大额贸易和各档定牌包装茶叶),中档珠茶主要出口中亚市场及俄罗斯等国家,珠茶出口以客户定牌小包装为主;蒸青茶出口主要集中在日本,小部分销往欧盟;龙井茶主要销往德国和我国香港特别行政区;红茶主要出口到美国;花茶主要出口到俄罗斯。据统计,尽管欧盟等西方国家工资水平高、消费能力强,但从浙江进口茶叶的量并不大。相反,在摩洛哥、西非等地,浙江茶叶却非常受欢迎,这主要是因为当地居民对茶叶的需求大,但对技术标准的要求却不像发达国家那么严苛。

近年来,有机茶出口逐年增加,进入欧盟的数量也有所增加,2005年已达到5000多吨。同时,浙江省部分茶叶企业已开始在国外开办茶叶分厂或经营公司,为中国茶的自有品牌打下了一定的基础。

(三)蔬菜出口所占比重不大

提起农产品,人们一般就会想起蔬菜、水果,但浙江的农产品出口中蔬菜、水果所占的比重并不大。这主要是由浙江的地理状况所决定的,浙江人多地少,决定了蔬菜、水果的产量不会高。不过,当地政府因势利导,指导广大农民大力种植山地蔬菜。2005年浙江省山地蔬菜面积只有40万亩,2010年已达到了150万亩。预计至2015年,浙江省的蔬菜瓜果年总产量稳定在2200万~2300万吨,年总产值达到350亿元以上,年出口额达到3.5亿美元左右,蔬菜产业的一、二、三产总产值达到500亿元以上。

据海关统计,2010年前三季度浙江省出口蔬菜2.6亿美元,比2009年同期增长24.8%,比2008年前三季度增长18%,出口同比增速为10年来最快(见图5-2)。

由于储运水平不够先进,浙江的蔬菜出口主要是针对亚洲国家,特别是日本,其是浙江蔬菜出口的第一大市场。2010年前三季度,浙江省对日本出口蔬菜1.2亿美元,占全省蔬菜出口总值的47.3%,同比增长25%;同期,对美国、欧盟和东盟出口蔬菜分别为0.41亿美元、0.34亿美元和0.21亿美元,分别占全省蔬菜出口总值的15.5%、12.7%和8.1%。韩国由于受

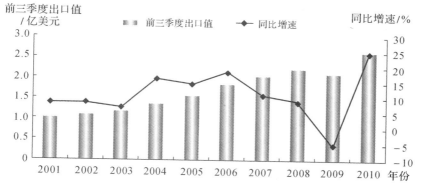

图 5-2 2001—2010 年历年前三季度浙江省蔬菜出口走势

到"泡菜危机"的影响,对浙江的蔬菜进口同比增长了 1.3 倍,不过总额并不大,只有 777.3 万美元。

由于山多的原因,食用菌一直以来是浙江的一大特色品种,也是浙江蔬菜出口的第一大品种。2010 年前三季度,浙江省出口食用菌 6534 万美元,同比增长 45.7%,占全省蔬菜出口总值的 24.8%,出口平均价格为每吨 5200 美元,同比上涨 19.6%。

(四)出口的农产品加工水平低

在浙江出口的农产品中,一般贸易出口仍占绝大部分。2010 年前三季度,浙江省以一般贸易方式出口蔬菜 2.5 亿美元,同比增长 25.9%,占全省蔬菜出口总值的 96.6%;以加工贸易方式出口 884.1 万美元,同比下降 0.8%,只占 3.4%。

虽然近年来浙江的企业日益重视农产品的流通加工,不过由于技术和成本等方面的原因,大多数农产品出口(尤其是蔬菜)仍选择一般贸易出口的方式。加工水平低,直接的后果就是农产品的附加值低,出口创汇效益不高。而且,产品在国外市场上竞争主要就看价格,这样对农民的收入提高帮助不大。

(五)农产品出口受国外绿色贸易壁垒影响大

出于保护本国农民及农产品市场的原因,西方发达国家针对我国的农产品出口制定了严苛的绿色贸易壁垒。这些壁垒中,像欧盟实施的名目繁多的农产品检测项目和日本采取的《肯定列表制度》,都对浙江农产品的出口带来了较大的负面影响。近年来,因质量安全问题,导致出口农产品遭退货、扣押、销毁、索赔、终止合同等现象十分突出。发达国家以质量安全为由,不断提高农产品进口市场准入门槛,设置技术性贸易壁垒,削弱了我国优势农产品的出口竞争力。特别是 2007 年以来,欧盟对进口鲜果蔬上的农残标准有了越来越高的标准,并且指标一旦出台,就会很快得到日本、加拿大、美国等发达国家的追随。据统计,我国九成农产品出口企业曾不同程度受到国外技术壁垒的影响,每年经济损失高达 90 亿美元。

浙江出口的农产品中,茶叶、蜂蜜、水产品所占的比重较大,而这些产品又是发达国家要限制的。因此,相关的贸易摩擦会不时出现。为了应对上述状况,在茶叶领域,由中国贸促会浙江调解中心、浙江省国际茶叶商会合作,浙江省于 2010 年成立了全国首个茶叶对外贸易预警点。预警点小组成员由茶叶出口企业和研究机构、贸促会的对外经贸专家,以及出入境检验检疫系统和外贸法律权威等组成。该小组的工作一方面是通过网站、刊物,发布和分析国际茶叶市场信息,帮助企业把握市场,调整出口策略和方向;另一方面是协助企业解决出口贸易中的实际问题,针对可能发生的贸易摩擦,与外方进行交流磋商。

近年来,发达国家由于经济状况不是很理想,对我国农产品出口的绿色贸易壁垒也有所调整。比如,2009 年欧盟决定取消对茶叶的硫素检测,就对我国十分有利。因为在我国茶区,普遍应用石灰硫黄合剂作为秋季停采后的一种封园农药,而硫素是其中的成分之一(茶园秋冬季会停止采茶,称为封园期,期间配合农药,可以有效防治茶叶病虫害,令来年茶树生长更好)。石硫合剂是普遍使用的封园杀虫农药,主要成分是石灰、硫黄、水,其中的硫元素经过降解,仍会有部分残留在茶叶中。

(六)扶持出口农产品的政策落实不到位

由于出口农产品占外贸比重较小,难以引起政府有关部门重视,也难以享受其他出口产品同样政策,如税负较高、劳动用工不能实行综合计时制、节能减排要求较高。出口农产品企业普遍反映,综合税负在 6%～8% 左右,出口退税比工业品低 4 个百分点。2008 年 12 月起,国家调高 3770

项出口商品的出口退税率,唯独没有农产品。由于农产品生产加工季节性很强,如用工不能实行综合计时制,势必增加企业生产成本。加工企业清洗农产品的水本身是无毒的,但环保要求达到一级排放,企业减排成本增加。

 [案例分析] —————————————————————

浙江省茶叶出口供应链分析

浙江茶叶甲天下。多年来,浙江的茶叶出口数量和金额位居全国首位,占到国家的一半左右。据统计,2000 年浙江省茶叶出口 9.81 万吨,出口创汇 1.38 亿美元,2007 年分别达到 19.34 万吨和 3.61 亿美元,平均增长 14.73% 和 15.04%。

一、茶叶出口流程

茶叶的出口贸易相对国内销售而言要复杂得多,以浙江茶叶出口欧盟等国为例,其一般要经过以下九个步骤。

1.前期准备

在国内权威技术检测单位做检测,确定茶叶产品是否符合欧盟标准。目前,浙江进出口商品检验检疫局、中国农科院茶叶研究所、农业部农产品质量安全监督检验测试中心是有检测权力的单位,将进行约 350 多项检测,以农残检测为主。当检测结果符合欧盟出口标准时,方可同欧盟代表洽谈出口事宜!

2.商业洽谈

出口双方经洽谈有出口意向,茶叶出口企业首先向客户邮寄货物茶叶小样,由客户进行全面的检测,当检测合格后,可以进一步签订正式合同。

3.申请许可证

茶叶出口企业如果是生产加工型企业,长期从事进出口贸易,并有独立的进出口权,可以到当地商检局进行备案,直接向国内大型外贸公司申领进出口许可证(注:国家对茶叶出口仍实行计划配额和出口许可证管理,同时需出口合同),同时可以依客户要求申请 FORM-A(普惠制产地证)。FORM-A 可以在当地商检局办理。(注:凡有茶叶出口经营权的部委直属公司,其茶叶出口许可证由外经贸部配额许可证事务局核发。各省、自治区、直辖市及计划单列市茶叶出口企业的茶叶出口许可证由外经贸部各特派员办事处核发。)

4.报检报关

茶叶出口企业需要完成报检工作。企业依客户要求提供材料,申请中国进出口商品检验检疫局完成各项检测(茶叶出口企业需有国内权威技术检测单位的检测报告)。如果茶叶出口企业为生产加工型企业并在当地商检局有备案,可以直接申请到当地商检局进行商检,商检放行即可出口。(注:绿茶指定由上海、江苏、浙江、宁波、安徽、福建、江西、河南、湖北、湖南、广东、四川、云南、广西、深圳、重庆商检局商检,其中珠茶指定由上海、浙江、宁波商检局商检,其他口岸不得办理绿茶商检业务)

茶叶出口企业还需要完成报关工作。报关需要茶商向有关部门提供进出口许可证、报关委托书、核销单、报关单、发票、箱单等。

5.定舱和提单确认

当完成上述申报和检测工作后,茶叶出口企业就可以向货运公司发出海运或空运定舱委托定舱。然后由合同双方确认提单各细节,以确保提单无任何遗漏。

6.货物投保

如果货值比较高,可以根据实际需要向保险公司投保险。

7.货物出运并通知

针对欧盟客户需要,采用海运或空运,茶商向货运公司发出货物。在货物出运后,通知客户货物已经出运。同时,将提货单邮寄给客户。

8.到货大样检测

当货物到达出口国,客户进行到货大样检测。如果检测合格,完成此次出口过程。如果不合格,客户有拒收权,一票否决出口贸易。

9.交单结算

一般采用银行交单,买卖双方完成收汇(银行水单)、付货款(增值税票认证)、付运费等过程。同时,涉及外汇交易的可以向国家外汇管理局进行外汇申报。茶叶出口企业收回报关单、核销单,并进行外汇核销,最后出口退税。

二、茶叶的种植加工

浙江的茶叶种植加工组织化程度较高,在政府的指导下,2009年浙江省已经建立茶叶专业合作组织195个,其中专业协会77个,专业合作社118个。拥有大小茶厂8200余家,规模化经营的茶园面积为130万亩,约占总面积的55%。

以绍兴下辖的嵊州市为例,其近年来大力打造"越乡龙井"品牌,为优化茶叶的加工环境,到2008年年底,共投入1800多万元,优化改造初制茶厂172家,创建省级示范茶厂3家,建成名茶加工集聚区62家,突破了名茶生产组织化程度低、清洁化加工难的瓶颈,探索出了一条茶厂优化改造和名茶产业升级的有效模式和途径。

为促进茶叶种植的标准化和茶叶质量的提升,嵊州市建立了"越乡龙井"的质量标准体系、检测体系和产品质量监督体系。有6家企业获得ISO 9001.HACCP等质量体系认证,14家通过QS认证,11个产品获国家无公害农产品认证,7个产品通过有机食品认证,4个基地获得IMO国际认证。在生产种植环节,当地已培育了3~5家国家级、省级农业龙头企业以及5~10家省级示范合作社。又通过扩建嵊州(中国)茶叶城,形成了市场牵龙头,龙头连基地,基地带农户的紧密型产业链。

三、茶叶的品牌维护

在浙江,最有名的茶叶当属龙井茶,但是前些年,浙江许多地方的茶叶都来沾龙井茶的光,均称"浙江龙井",给不明真相的消费者带来了困惑,扰乱了龙井茶的市场。于是,在后来又推出个"西湖龙井"以示区别。目前,杭州地区"西湖龙井"的品牌还是很好的,其价格也高,不过还时不时会有其他地方的龙井茶来混充西湖龙井,自抬身价。其实早在2002年,就已经由国家质量监督检验检疫总局发布了龙井茶的国家标准。之所以会出现龙井茶打混仗的局面,不得不说前些年当地有关部门的品牌维护措施不够得力。

同属龙井茶系列的嵊州这方面做得就很好,为使"越乡"成为嵊州市龙井茶的集群品牌,2008年嵊州市政府出资150万元收购了"越乡"

商标,并对全市龙井茶品牌进行整合,成立了越乡名茶协会和品牌管理办公室,制订了《越乡名茶协会章程》、《越乡商标管理办法》、《越乡龙井包装管理办法》、《越乡龙井包装印刷合同》等制度,采用"越乡+企业商标"形式运作,实行品牌、标准、包装、标识、宣传、监管"六统一"的行业管理。从 2009 年起,当地全面实施"品质提升、品牌铸造、龙头带动、文化传承"四大工程,发展无性系良种茶园 5.3 万亩,建成名茶加工集聚区 100 个,省级示范茶厂 10 家,新增通过 QS 认证企业 40家。还在当地开设了越乡龙井专卖店 300 家,打进 1000 家超市,开拓国际市场,健全"越乡龙井"营销网络。通过这一系列的举措,真正打响了越乡龙井的品牌,推动了茶叶的出口。

在国外市场,经销商对茶叶的品牌是很重视的,有没有优质的品牌会直接影响到茶叶的销售价格,而且差距还很大。所以,浙江各地的茶叶协会和地方政府应在品牌维护上下大力气,努力打造优质品牌和保护好优质品牌。

四、茶叶的出口销售与储运

为达到欧盟等茶叶进口国的农残及安全、卫生标准,我国茶叶生产主体和出口企业不得不改进有关茶叶生产、加工环境,增加卫生质量的检测、认证和签证等费用,使得出口茶日益上涨的销售成本进一步提高;据统计,要达到欧美准入标准,茶叶从采摘、拼配、加工、包装到储运每批次需要检测农残指标数至少在 43 个以上,微生物和有害金属检测指标在 13 个以上,整个过程每个批次茶叶的检测费用高达33600 元。企业为方便检测和自查,一般需引进德国检测设备,每台70 万元人民币,同时还要负担各种各样的大量消耗的检测制剂的费用。除了检测成本外,在土地成本、劳动力成本、生产资料成本等方面都会有很大的增加。

自发达国家对中国的茶叶出口实施绿色贸易壁垒以来,浙江的茶叶要想顺利出口,并不是一件容易的事。它需要经过品类繁多的检测,稍有不慎就可能会被退回来。好在经过多年的磨炼,浙江的茶叶在生产过程中已经非常小心,基本都能达到出口所需的标准。据统计,2010 年上半年,经杭州检验检疫局检验出口的茶叶及其制品共

813 批次、货值 1883.92 万美元,同比分别增长 45.7% 和 42.84%。从出口茶叶的品种类别看,出口量排名前三位的依次是:绿茶、花茶和乌龙茶,其中花茶出口增幅最大。绿茶出口数量及金额同比增长 15.14% 和 24.69%;花茶出口数量及金额同比增长 118.9% 和 53.36%。这是一个新的趋势,因为花茶更适合西方消费者的口味,而且其附加值更高,对出口商也更有利。

随着技术的进步,现在出口的茶叶在包装上更为精细。基本都采用锡箔纸的真空包装,而且由原来的大包装向中小包装转变,增加了茶叶的附加值,也更适合茶叶出口的储运。有些商家还总结出小窍门,比如出口日本的茶叶如果发货量很小,而价格又比较高,可以不通过船公司,而通过 EMS 等特快专递的方式邮寄至日本,从而减少报关、报检的周期。

二、出口农产品供应链的特点

农产品出口比在国内销售有更多的环节,流程更长、更复杂一些。与普通农产品供应链相比,出口农产品的供应链多了出口商检、进口商检、国际运输等环节。因此,它也就会表现自身的一些特点。

(一)供应链更长

与国内农产品的供应链相比,出口的农产品在供应链的下游多了一些环节,增加了商品报关与检验检疫、出口运输、国外经销商的销售等流程。这样,出口农产品的供应链就长了很多,不可测的一些风险也有所增加。一方面,农产品的远距离运输所需时间比国内要长,这对农产品的储运提出了更高的要求,原来在国内运输中适合的包装方式在出口中就得更新了。另一方面,农产品到了国外,还要接受当地有关部门的检验检疫,如果不符合当地的标准,很可能就要被退回,造成惨重的损失。而且,由于是出口,那么农产品的源头组织就必须要得力,单个农户往往是没法完成的,一般采用的是"公司+基地"的运作模式。

(二)涉及不同国家的参与者

农产品的出口至少涉及两个国家。不同国家对农产品的质量和消费文化往往会有很大区别,这就要求出口方充分地了解各地的市场,投其所好。因为很可能某种农产品在甲地很畅销,而到了乙地却成为市场的弃儿。以浙江临海涌泉镇产的涌泉蜜橘为例,国内消费者喜欢买个小皮薄、长着斑纹的橘子,个头大的橘子没有市场。因为小橘子虽然不好看但很甜,大橘子好看却很酸。但是 2010 年,当地的大橘子却成了出口市场的畅销货,大量出口俄罗斯。因为俄罗斯人却认为外表干净光鲜的大橘子质量更好,酸说明其维生素 C 丰富。于是,这些当地 2 元 1 千克的大橘子,经过特殊的打蜡包装处理,到了俄罗斯各大超市与消费者见面时,每千克就折合人民币要 30 元以上。

当然,有些消费文化也是可以改变的。比如位于非洲的摩洛哥,当地百姓以前喜欢喝咖啡,现在也和中国人一样喜爱喝茶。据统计,摩洛哥每人平均消费茶叶 1.76 千克/年,其市场 98% 的绿茶来自中国。与国人还略有不同的是,摩洛哥人更喜欢喝薄荷甜茶,即在绿茶中放入新鲜的薄荷叶和白砂糖。

(三)农产品冷链的要求更高

农产品出口运输距离远,运输时间长,而未加工的农产品保质时间短,必须在低温下才能实现远距离储运。我国农产品的冷链兴起时间不长,技术水平相对比较落后。在国内市场销售时,因为从产地到消费者手上的时间不长,相当多的农产品是不经过处理的。有些连简单的包装也没有,更不要说冷冻冷藏了。出口的农产品则不同,不进行冷冻冷藏的处理,是没办法销售出去的。所以,出口的农产品在处理上也就有了不同,从源头起就要进行相应的处理,并在储运过程中注意温湿度的控制。当然,也有部分农产品冷链的要求较高,国内出口商认为低温处理不划算,就会改为通过腌渍之类的方法延长其保质期。

(四)政府干涉较多

农产品是关系到一国国计民生的东西,许多国家都不希望自己的农产品受制于人,所以他们往往会采取措施保护本国农民的利益。由此导致的结果就是,各国政府对农产品的进口有着较多的限制,除了一般的关税壁垒,越来越多的国家还采用非关税贸易壁垒的措施。比如日本对我国出口的农产品实施《肯定列表制度》,欧盟国家也对我国出口的农产品制定了非常严苛的检测标准,有些国家动不动还要提出反倾销。政府的干涉在某种程度上阻碍了农产品的自由贸易,也对农产品的出口供应链提出了更高的要求。在源头要注意生产过程的监控,在运输途中要尽可能防止污染,供应链各环节要做到信息畅通,行动一致。

(五)农产品的流通加工要求较高

受生活方式和消费习惯的影响,国内大多数消费者看中的是其价格,很多居民喜欢到农贸市场去买,所以农产品从产地采摘下来很少经过流通加工,特别是蔬菜水果。而一些发达国家的居民喜欢到超市去买农产品,而国外的人工成本比国内要高出许多。如果农产品不是在国内加工而是到对方国家再加工的话,价格优势就不再明显了。出于这种原因,国内的农产品出口商往往在国内就将农产品加工好,到了国外直接就可以摆上超市的柜台去销售了。比如临安的雷笋,现在出口到日本都是洗好、切好,再用真空包装好的,这样便于日本超市的销售。

 [案例分析]────────────────────

浙江农产品深加工的几种模式

在农产品供应链中,提高农产品附加值这个议题在20世纪末就被提及,但直到现在也没有解决好,只是近年来,各地政府和企业对这方面有日益重视的倾向,部分深加工的企业开始显示出示范效应。其实,并不是大家不知道农产品深加工的重要性,而是一直觉得这是个投入大、难操作的事情,还是做一般贸易出口来得简单。其实,在现有条件下,只要转变思路,积极创新,提高农产品附加值的深加工模式还是挺多的。

一、凤凰涅槃,提炼创新

一般的农产品,我们只看到其日常的功能,而对于其内在的东西并不了解。其实在许多的表象下面,其隐含的价值往往是惊人的。国外类似的产品有很多,企业应该研发引进这方面的技术。比如,茶浓缩汁、茶多酚等都是茶叶经过深加工而成,其身价能提高10倍以上。

2010年11月底,经绍兴检验检疫局检验合格后,一批50千克、货值3175美元的茶浓缩汁顺利出口韩国,这是绍兴地区首次出口这类产品。出口企业是浙江东方茶业科技有限公司设在绍兴的分公司,此前该企业生产的茶多酚也顺利打入了国际高端市场,茶多酚被业界称为"软黄金",出口价格可达到每千克500多元甚至更高。据统计,在国内茶叶深加工产品仅以6%的茶叶资源就创造了茶叶产业近三分之一的产值。

绍兴是全国最大的茶叶出口基地,出口总量达到全国的三分之一。一直以来,当地大多数出口茶叶为眉茶、珠茶等大宗绿茶,出口总量高但企业利润微薄。自2008年的金融危机后,花茶、袋装茶、非茶类替代品以及茶叶深加工产品等附加值较高的茶叶制品的比例逐步提高。茶叶深加工才是茶叶经济的发动机,越来越多的茶叶企业开始加入到深加工的行列中。

二、注重环保,返璞归真

绿色食品的概念提了很多年了,因为其对人体无害价值要比普通食品高出一截。回归传统的生产加工方式,也是提高附加值的一条捷径。有机茶近年来较为盛行,其实它只是在无任何污染的产地,按有机农业生产体系和方法生产出鲜叶原料,在加工、包装、贮运过程中不受任何化学物品污染,并经有机认证机构审查颁证的茶叶产品和再加工制品。回归自然的理念是大家都认同的,很有市场。目前浙江的有机茶种植正在大面积铺开,道人峰茶业、采云间茶业是其中的典型,它们早在数年前就着手建立有机茶基地,茶叶传统的农业化种植正向高标准的工业化生产转变。出口欧美和日本市场的有机茶在加工过程中要严格遵循AA级绿色食品标准和国际有机食品标准。为保证产品加工质量,茶叶公司必须实行AA级绿色食品专用加工厂、专用仓库的管理办法,严格控制有机绿茶的生产、加工、包装、检验、贮藏和运输的操作规程。有机绿茶生产和销售主要通过"公司+基地+农户+标准化"的模式进行,这种模式给茶农带来了实惠。亚洲开发银行一项调查表明,种植有机绿茶要比种传统茶的效益高20%~30%,茶农每亩年均能增收300~400元。

三、废物利用，变废为宝

许多的农产品其实全身是宝，只是我们不善于发现而已。很多以前不要的废物，价格很低甚至不要钱，但是只要稍加利用，就可以变废为宝。比如，临安等地的山核桃壳，以前剥下来丢得到处都是，现在加工成木炭能卖个不错的价格。还有出口的机制茶更是这样，一般茶叶是由茶树的嫩芽炒制而成，嫩芽下面的鲜叶就没什么用了。然而位于莫干山镇高峰村的县双丰茶业有限公司却另辟蹊径，将鲜叶加工成机制茶，在日本、韩国、美国、德国等地卖得很俏。其实机制茶的工艺并不是很复杂，只需将鲜绿的青叶放进机器，经过蒸汽杀青、冷却、烘干、打碎等工艺后，茶叶粉末便加工完成。分级包装后，这些茶叶粉末就变成"蒸青绿片"出口。双丰茶业从2006年起就投入了500余万元添置新设备，对不被看好的鲜叶进行深加工，当年所产的80余吨机制茶就闯出了市场。

据双丰茶业公司董事长张晓英介绍，春茶旺季过后，鲜叶市价很低，最便宜时每千克才卖2毛钱左右，有些茶农连采摘的积极性都没有。但是按照工艺加工成机制茶，5千克鲜叶能出1千克产品，出厂价就可达8元/千克。双丰茶叶每年从5月起，一直加工到10月底，每天可加工鲜叶1.5万千克，每年的利润相当可观。

四、精益求精，蔬菜精加工

新鲜蔬菜难以保存，如若能换种方式将其营养保留下来，也是很有市场的。脱水蔬菜这两年日益受到国外客户的欢迎，2010年10月，在俄罗斯举办的农产品展会上，湖州鲜的食品有限公司的脱水蔬菜引起了国际采购商的注意，外国采购商纷纷与之进行洽谈。该公司以青椒、红椒和大蒜类脱水蔬菜为主打产品，生产的产品种类多达10余种。脱水蔬菜生产工艺严格，要进入企业的生产车间，先得经过一系列的消毒程序。随着销售市场的打开，其对原材料的需求一下增长了很多。浙江本地的蔬菜满足不了，他们就全中国找原材料。青椒来自陕西，红椒来自内蒙古，萝卜来自河北、江苏、山东等地。由于企业所需原材料品种多、数量大，所以企业的采购点遍布全国各地，为了提高运输效率，大部分蔬菜都直接在采购地制成初级产品，再运至该企业做深加工。

五、产品重组，锦上添花

有些农产品不同地区有不同的消费习惯，如果能够充分了解国外的消费方式，对国内的农产品进行重组，可以起到锦上添花的效果。花茶的出口就属于这一类型，杭州骆驼茶叶有限公司主要从事花茶的出口，产品销往美国、日本、科威特、乌克兰以及不少西欧发达国家。和绿茶相比，花茶里添加了茉莉花、白玉兰、玫瑰等花瓣，还有水果干，颜色鲜亮，在国外高端消费市场上更有吸引力。公司特别制作的造型类似金字塔的特色透明茶包，冲泡后非常好看，加上口味也比较浓郁，符合当地人的饮用习惯，很受国外年轻人的喜爱。花茶的附加值比绿茶要高，贵的能卖到100多美元(约合人民币700元)/千克。骆驼茶叶公司50多种花茶一般不进国外的超市，都在五星级以上的酒店和礼品店销售。

六、低温处理，保质保鲜

农产品要保鲜，首选的方法就是低温处理。速冻蔬菜是杭州地区传统的出口农产品，2009年共出口速冻蔬菜2093批次、35884吨，货值4011.58万美元，涉及品种有40多种。主要出口日本、北美、欧盟、韩国等，其中日本市场占据了近60%的份额。速冻蔬菜是把新鲜蔬菜加工处理，在-35℃环境中快速冷冻做成。从采摘到速冻，时间控制在4~10小时以内，保证了原料的新鲜度。速冻后的蔬菜保持在-18℃以下的低温环境中，内部生化反应受到抑制，不会丢失蔬菜中的营养。速冻蔬菜在原材料采收完毕进入工厂之后，要经历粗加工、清洗、杀青漂烫、冷却、冷冻、冷库暂存、挑选、包装等10多道工序。通过漂烫，主要起到抑制过氧化物酶的作用，使细菌、真菌等微生物无法生存，同时又能保持蔬菜的鲜绿本色和营养价值，便于保存。浙江佳伊乐食品有限公司在传统速冻蔬菜的基础上，开发出的冷冻调味蔬菜，经真空包装后冷冻，能够开袋即食。这种加工在满足国外消费市场的同时，效益也是令人满意的。在价格上，冷冻调味蔬菜达到传统速冻蔬菜的2~3倍，以小松菜为例，作为初级产品速冻加工的出口价格是近1000美元/吨，而"佳伊乐"经冷冻调味处理后，出口价格是2800美元/吨以上。

三、出口农产品供应链的模型

一般来看,农产品供应链是指围绕核心企业,在信息共享的基础之上,通过对农产品流通的物流、信息流、资金流的控制,由农业生产资料的供应商、农产品的生产商(农户、生产基地)、分销商、零售商和消费者组成的整体的功能网络结构(杨申燕,2009)。随着经济的全球化,农产品的进出口不断增加。在国内不少地区,农产品能否顺利出口,已经成为影响农民收入的重要因素。以浙江省为例,2008 年农副产品出口额为 76.83 亿美元,相当于农林牧渔业总产值的 30%,农民人均收入的 10%强来自于出口农业。不过,提及出口农产品的供应链还是近两年的事。整体上来看,国内出口农产品的供应链运作还处于较为初级的阶段,整合的思路也不明朗。

供应链管理不同于普通的产业链交易,后者只需要各个环节间完成相应的交易即可,相互之间的竞争博弈更多,合作很少。而供应链管理则要求在一个以上的环节要有核心企业,由它来主持链上各个环节的衔接,它要让其他企业听从其安排,并与其合作,形成数家企业协同运作的模式。相对于国内农产品供应链而言,出口农产品供应链的环节更长,涉及主体更多,还来自不同的国家,这也决定了出口农产品供应链的复杂性。

目前,国内的出口农产品供应链以"公司+合作社+农户"、"基地+合作社+农户"、"经纪人+合作社+农户"等几种模式为主,传统的"公司+农户"模式正逐渐被淘汰,合作社在供应链中起着重要的作用。农产品出口供应链流程如图 5-3 所示。

农产品出口比内销复杂,因为国外农产品市场需求的信息不易获取,而进入的渠道也有特殊的要求,所以必须依靠供应链上核心企业的统一协调才能完成。目前核心企业主要由农产品加工商、农村经纪人、种养大户等构成,他们通过农业合作社组织农户生产与销售,再根据国外市场的要求进行加工,通过外贸公司流通到国外去。不过,当前核心企业发挥的作用还不够大,多为简单地生产组织和产品的初步加工,致使产品出口后只能赚取微薄的利润。[1]以东北出产的人参为例,其国际市场售价只有韩国产同类人参价格的 1/10 左右,原因就在于两者在种植护理和加工方面有较大的差距。

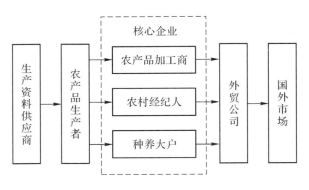

图 5-3　出口农产品供应链

从图 5-3 模型可以看出，出口农产品供应链要复杂得多。

首先，同时会有多家核心企业存在。由于参与主体多，在多个环节都会有大企业，他们会出面来组织相关环节的协作。比如，农业合作社，他们会出面统一提供原材料、统一组织生产、统一销售；农产品加工龙头企业，他们也有实力来组织生产、加工和对外销售；大的外贸公司，为了方便出口，他们也在寻求合适的生产基地，以使产品能较好地按其要求生产出来；进口商，本身实力也是比较强的，其往往能带动周边数个地区的农产品销售。核心企业多了，就会存在由谁主导话语权的问题。这个需要在多次交易的基础上进行博弈，寻求竞争与合作的平衡点。

其次，相互之间的协作更难。因为整个供应链涉及不同国家的不同主体之间，双方在办事习惯、工作效率等方面会有所差异。而且由于距离远，信息沟通不便，一旦出现问题处理起来较为困难。比如，有些农产品在国内检测是好的，但是运到目的港检测却有问题，要运回来成本很高，只能就地低价处理。还有对进口方的变动难以及时获悉，以前合作很好的贸易伙伴出问题了，我们这边也不知道，农产品出口过去风险就很大。另外，由于距离远，有些生鲜农产品，特别是水产品难以有效地确保其到目的地时有较高的存活率。这些都导致虽然有时两国之间农产品的市场价格差距很大，但却没人愿意组织出口的现象。

与国外的农业企业相比，国内的规模要小得多。比如，美国的孟山都公司，其控制了种子的研发与销售，其有实力组织国外农民大规模种植。

有些企业控制了农产品的收购与加工销售，嘉里集团是金龙鱼公司的大股东，它们能够控制销售渠道。这样，国内企业在与其合作时就处于较为弱势的地位。对方有实力控制产品的价格，从而获取丰厚的利润，而国内的参与者最后只能得到一点微薄的利润。这是需要努力去改善的。

四、出口农产品供应链现存的问题

（一）供应链上的龙头企业偏少

要提高供应链的运作效率，需要有强势的核心企业来组织。[2] 而国内出口农产品的供应链有相当部分是通过比较大的经纪人、种养大户来组织完成的，由实力强的农产品加工商组织的较少。一般而言，出口农产品供应链上的龙头企业主要指加工商，他们对农产品进行深加工，大幅提升农产品的价值，并能够提高出口农产品的组织化程度。

由于农产品生产周期长的特殊性，如果供应链上信息不灵，不能及时了解农产品国际市场供求信息，应对"绿色壁垒"和国外反倾销制裁的能力就较弱。[3] 另外，随着中国经济的发展，劳动力成本的上升是必然的趋势，这就要求出口的农产品在产品内在质量和深加工方面多下工夫。近年来，浙江省许多农产品在国际市场上的竞争力减弱，一个主要原因是多数农产品生产成本要高于其他地区，这说明单纯的价格竞争导向应有所改变。这些都要求有较多的龙头企业。

（二）农产品的品质控制需进一步提高

1. 国内外农产品的检测标准不统一。相对而言，我国出口的农产品在品质上要比内销的高出不少。我国农产品出口的目标市场主要是日韩、欧美等国，这些国家对食品安全的要求非常严格，像营养成分、农药残留等方面，都有苛刻的检测标准。国内有些农产品质量达不到特定的要求，不注意就会出问题。比如 2008 年发生在日本的"毒大米"事件，就是因为两国对大米的检测标准不一致，中国的优质大米的甲胺磷含量限定为 0.1ppm（1ppm＝$1×10^{-6}$），而日本的毒大米的甲胺磷含量为 0.02～0.06ppm。结果在国内经过国家质检总局严格检验的优质食用大米，到日本成了不合格的，只能作为工业用。近年来，这些国家纷纷对进口农产品设置新的贸易壁垒和安全标准,因质量等各种原因遭受进口国退货的现象也不断增多。

2.出口农产品加工程度低。浙江农产品的出口品种主要集中在劳动力密集型产品上,如畜产品、水产制品、蔬菜、水果等,产品附加值不高,技术创新能力薄弱。目前初级农产品出口比重大大高于深加工产品比重,这一局面已不适应国际市场消费多样化的需要,也容易受到国际新型贸易壁垒的影响。为改变这一状况,国家对深加工的农产品在出口退税方面给予优惠,并且它们与高新技术产品、装备技术产品、医药产品一起,被列入出口退税税率调高的范畴。但由于技术、资金等方面的原因,农产品的加工程度还是很低。

浙江的蔬菜加工主要是粗加工,大多采用冷冻、腌渍等传统工艺制作,利用现代生物技术进行深加工较少,高技术则几乎是空白。加工的农产品中也以速冻、保鲜类为主,虽然有些企业开始出口蔬菜汁、粉、茶多酚等深加工的产品,但这种比例很小。这种状况使得一些特色蔬菜在出口上难以发挥比较优势,销售半径只能到近海地区。目前,浙江年自营出口1000万美元以上的蔬菜加工企业,只有海通一家,蔬菜加工的薄弱,只能是出口附加值的减少和出口订单的丢失。

其实,国内人工成本比发达国家要便宜得多,深加工会让出口的农产品在价格上更有优势。比如,临海市一开始出口到国外的西兰花是没有加工过的,结果到了国外还要超市的工作人员分拣、切块、包装,提高了销售成本。现在,这些工作都在国内完成,运到国外可以直接上柜台销售,价格降下来,竞争力就提高了。

3.冷链还不够完善。出口的农产品在途运输的时间比较长,对产品的冷藏、保鲜要求高。国外的农产品冷链是从田间地头开始的,而我国则往往要等到流通加工阶段才开始,在采摘下来到流通加工这一段时间往往不采取保鲜措施。[4]由于农产品的冷藏保鲜需要专业的技术和设备,这一方面对农户的素质有较高要求,另一方面会提高产品的成本,实际操作中确有一定的困难。但这一环节不解决好,农产品的出口往往会碰壁,"欲速则不达"。

(三)农产品的品牌建设受到重视,但知名品牌还不够多

由于各地地理条件的不同,加之护理技术上的差异,同样品种的农产品在不同地区产出的质量往往会有天壤之别。具有地方特色的农产品被注册了相应的品牌后,销售更为顺畅。比如,浙江的"西湖龙井茶"、"庆元食用菌"、"天目山笋干"等,出口往往供不应求。近些年来,地方政府对农产品的商标日益重视,纷纷通过相关部门注册使用证明商标,地理标志产品的附加值得到较好的体现。比如,楚门文旦用上证明商标后,每千克售价比一般文旦价格高出了3～4元,2008年全县销售文旦2.058万吨,增加值达1亿多元。余姚瀑布仙茗从1999年每千克100元,上升到现在的1600多元,精品茶达每千克2400多元,茶农的年收入从证明商标使用前的3万元,增至现在的5万多元。不过,到目前为止,浙江省证明商标总量仅80件。虽然这个数字是2004年的3.5倍,但相对于当地大量的农产品而言,这个数量还是远远不够的。

(四)农产品出口的商检费用过高,重复检查现象普遍

农产品出口比内销要多一道通关环节,通关时有一些严格的商品检测。越来越多的出口商报怨,现在的商检制度制约了农产品的出口。因为,一方面,商检的费用致使出口的成本大为提高。据了解,浙江省目前出口农产品商检内容含五大类:检验检疫费、检测费(商检检测费、企业自检费)、报检费、商检查验费、其他费。据统计,每万元出口值所需总的商检费,2005年为630.69元,2008年为851.75元,增幅达35.05%,其中,检测费增幅达27.71%,报检费达30.79%,特别是检测费中的商检查验费一项,增幅更是达到了5268%。另一方面,依目前的通关制度,各口岸的报告常常互不采用。[5]浙江农产品出口主要依赖宁波、上海两大口岸,浙江省局出具的商检报告,不要说上海可以不采用,作为单列市的宁波也可以不采用,重复查验、重复收费现象普遍。据了解,对出口茶叶集装箱的查验比例高达50%～60%,每个集装箱的查验费用(包括开箱费、掏箱费、吊机费、进港费等)平均高达1700元人民币;对出口蔬菜集装箱的查验比例达30%以上,一个年出口3000万美元的茶叶企业、1500万美元的蔬菜企业,全部商检费用达200万元以上。

诚然,为了把好出口关,严格的商检是必需的。但是现在的情况是,相当多的出口企业在承受商检费重复收费的同时,还要为此疲于奔命。因为

商检的层层把关,减缓了商号的通关速度,导致时间延误影响船期,轻者另行支付滞箱费、集装箱超期使用费,重者因延期交货而引起客户索赔,甚至被迫应对国际官司。这就变成适得其反、过犹不及了。

(五)产销脱节,对风险不够重视

长期以来,受计划经济的影响,农产品的生产与贸易各归有关部门,产销脱节现象较为常见。比如蔬菜的生产管理,主要在农业部门;蔬菜贸易,内销在商业部门,外销在外贸部门;蔬菜加工,有的在计划部门,有的在乡镇企业管理部门,有的是各业务主管部门。产销分离、多头管理的模式,使农民、企业不能及时了解国外市场信息,反应速度慢。而国内的农业协会所起作用不大,这导致同一类型的农产品出口企业缺乏协同,相互内斗。在市场形势好时互相争夺加工原料,在市场不景气的时候,又互相压级压价。

浙江是个出口依存度较高的省份,由于靠海,出口相对较为便利。浓郁的出口氛围导致不少企业对企业的风险不够重视。在农产品出口实践中,不少中小型企业在外贸交易时,连合同都不签。比如有些茶叶企业就靠几封E-mail,把生意"谈"了下来,把自己生产的茶叶出口了过去,结果遇到技术标准问题,影响了交易。因为没有签合同,自己的权益也得不到保障。

第二节　出口农产品的标准化建设

近年来,绿色贸易壁垒成为困扰我国农产品出口的主要障碍。一直以来,我国的农产品出口主要以价格取胜,这得益于我国的人力资本低廉、农民的精耕细作以及汇率等方面的因素。在这些方面,我国具有较强的比较优势。于是,出于保护本国农业发展的原因,发达国家选择了农产品的多项技术指标作为贸易壁垒。发达国家的技术比较先进,而且随着居民人均可支配收入的提高,本身对食品安全就很重视。诚然,重视食品安全是无可厚非的,随着我国居民小康生活的全面实现和经济的快速发展,食品安全也是我国亟需解决的一个问题。因此,课题组认为,对国外在农产品上设置的绿色贸易壁垒，我们应该淡化对其不合理因素的指责，而应积极地去应对。也就是，尽量提高农产品的生产技术，使其各方面能够达到甚至超过国外严格的技术指标。

一、规范出口农产品的检验检疫

目前，我国的农产品标准体系还不健全。以蔬菜为例，我国现行的蔬菜安全管理制度主要采取分段管理模式，生产规程、产地条件等标准体系还不够健全，对售前行为检查不足。联合国食品法规委员会(CAC)规定食品安全管理体系(HACCP体系)作为食品企业保证食品安全的强制标准，但在我国只是一些大型企业或出口型企业进行 HACCP 安全质量体系认证，很多企业对 HACCP 体系的内涵和意义认识不够，甚至有些已经通过 HACCP 认证的企业在具体的生产过程中也没有严格按照 HACCP 体系的要求去做。质量安全体系不健全将使我国面临越来越严苛的绿色壁垒，不利于我国蔬菜出口。

相对而言，浙江的农产品质量检测做得还算不错，在部分地区已经建立起了经常性的质量检测制度。在 2007 年 8 月至 12 月全国农产品质量安全专项整治活动中，浙江省定性抽检平均合格率达 99.4%，其中蔬菜、畜禽合格率分别为 95.3% 和 98.2%，生猪尿样抽检合格率为 99.97%。在农业部对全国农产品批发市场抽检中，浙江省也以 97.1% 的平均合格率高于全国 3.6 个百分点。据了解，2007 年，浙江省农业部门出动执法人员 3.34 万人次，检查农资经营生产单位 21723 家，查获违规单位 1257 家，立案查处 920 起，查获假劣农业投入品 893.4 吨，挽回经济损失 8316 万余元。同年，浙江省新增国家无公害农产品 543 个，绿色食品 201 个，总量分别位居全国第 3 位和第 5 位。

农产品的安全关系到千家万户，就算是不出口，也应该引起足够的重视。近年来，虽然在官方公布的食品安全检测结果中，浙江是排名前列的；但是不时在媒体曝光的食品安全事件，还是会引起百姓的恐慌。比如，奶粉中的三聚氰胺、人造鸡蛋、地沟油、毒大米、瘦肉精等层出不穷，到了不得不严厉惩治的阶段。所以，应该以规范出口农产品的检验检疫为抓手，通过提高这部分农产品的质量，进而带动全体农产品质量的提升。

二、加强对源头的控制

要加强农产品的安全标准建设,源头是最重要的,也就是要对农产品的生产及采收环节严格控制。根据发达国家的经验,在源头要么是实现大农场的生产,要么是由合作社统一组织生产,后一种方式更适合浙江的情况。现在,浙江多数农村都组建了农业合作社,有些做得还挺好。比如被评为"省级示范性农民专业合作社"的东阳市方圆茶叶专业合作社,其成立于 2005 年 8 月,是以茶叶种植、生产加工、收购销售为一体的专业合作社。现有入社社员 245 户,带动农户 1000 户,拥有标准化茶叶基地 2000 亩。2010 年,该专业合作社生产加工、收购茶叶 81 吨,销售额达 1215 万元,创利 35 万元,每户社员平均新增收入 1600 元。方圆茶叶专业合作社成立以来,在经营管理过程中,实现统一生产加工,统一品牌,统一收购销售,统一财务管理,使专业合作社走上规模化、标准化、品牌化、机械化道路。该社2007 年就通过了省质量技术监督局"QS"认证,通过了国家农业部无公害基地和省无公害农产品认证,并注册了"双禾"商标。2009 年又顺利通过了龙井茶精制加工厂升级改造。2010 年通过省级"绿色食品"认证,并带动了产品的出口。

强化源头管理,应该积极推行"公司＋基地＋标准化"的管理模式,加强有害生物检疫及有毒有害物质的监控,要求所有出口蔬菜必须来自经备案的基地,并按要求对提出备案申请的基地进行认真考核,合格的给予备案,确保出口蔬菜的卫生质量。目前,浙江省在茶叶和蔬菜上的源头管理是比较严的,按省检验检疫部门的要求,如有茶叶出口,要向省内检验检疫机构申报茶叶种植基地备案。申请备案的茶叶基地应符合《出口茶叶种植基地检验检疫备案条件和要求》。针对出口蔬菜种植基地,2008 年浙江检验检疫局进行了 100% 的清查,保留了出口蔬菜基地 332 个,取消 6 个,暂停 8 个。这些举措提高了农产品的质量,得到了外商的认同。

三、顺应相关检测标准的变动

整体上看,国际上农残检测标准的日益严苛是个趋势。它对我国农产品的出口无疑是一记重拳,因为国内农产品以往在生产和流通过程中对这些问题不很重视。在人多产量低的情况下,我们以前追求的主要是产量的大幅上升,对质量不够重视。现在,百姓的温饱问题基本解决了,才开始关注起产品的质量,而西方发达国家的农产品安全监控已大步走在了前面。无论是日韩,还是欧美,对农产品的安全质量确实非常重视,以此设限效果很好。

2006年5月29日,日本开始实施食品中农业化学品残留"肯定列表制度",该制度对所有农业化学品在食品中的残留都做出了规定,其中15种农兽药禁止使用,对797种农兽药及饲料添加剂设定了总计53862个残留限量标准,并规定对没有设定限量标准的将执行所谓的"一律标准",即含量一律不得超过0.01毫克/千克(相当于亿分之一),而该限量几乎为现有仪器的最低检出限。日本在提高食品农兽残等限量标准的同时对每类食品的检测项目也成倍增加,据统计"肯定列表制度"对每类食品、农产品涉及的残留检测项目平均为200项,有的甚至超过400项,如大米由原来的129项猛增到579项。这些导致浙江的农产品出口企业生产成本和检测费用大幅增加,通关速度减慢,出口经济效益下降。这些都制约了浙江省速冻蔬菜行业的发展,严重影响了广大蔬菜产区农民的收益。

不可否认,西方国家设置的这些标准有些过于严苛,但是,追求高质量的农产品也是我们的目标。只有真正做到人无我有,人有我优,我们的农产品出口才能建立起真正的优势,而不至于再次出现虽然中国是"世界工厂",但只是赚取微薄利润的尴尬局面。因此,从目前形势判断,顺应国外检测标准的变动,加强农产品生产流通环节的监控,不失为一个明智的举措。具体地,首先应全面推行"公司+基地"的管理模式,严把农药关,做到农药统一进货、统一管理、科学使用,加强蔬菜基地和蔬菜生产标准化建设,真正从源头控制好农残。其次要加强检测,政府有关部门和企业密切配合对出口农产品的农药残留检测实施原料、成品二道把关,先由工厂对基地原料在采收前进行农残自检,合格原料方可投产,检验检疫部门对农产品出口前再次抽查,使严格的检测成为一种常态,而不是走过场。实际上,浙江的金华、绍兴、宁波等地已经在逐步完善检测制度了,效果不错。通过检测提高了农产品的质量,打响了农产品的品牌,使农产品生产、流通环节上的多个利益主体形成了"多赢"的局面。

芦笋有"蔬菜之王"的美誉,而日本市场上来自中国的保鲜芦笋,差不多有70%产于杭州市滨江区。其取胜的法宝说来也简单,就是精益求精,质量过硬! 当地的芦笋合作社在施药、采收、加工、包装、保鲜、运输等每道工序上,都执行着严格的标准。从杭州的加工基地出门,到日本市场上市,海运一般需4天,空运3小时就到了。这就是供应链整体效率的提高所带来的核心竞争力。

四、金融危机带来的新影响

2008年开始,金融危机在世界范围内蔓延,对浙江省的农产品出口造成了新的影响。主要表现在以下两方面。

(一)减少了农产品进口的需求,致使浙江农产品出口额出现波动

据统计,2009年浙江省农副产品出口贸易总额65.77亿美元,同比下降14.41%,这是近十年来浙江农产品出口额首次出现下降。其中,农产品(WTO谈判口径)出口总额18.86亿美元,同比下降7.99%,水产品出口总额11.21亿美元,农副产品加工品出口总额35.70亿美元,同比下降17.58%。国际金融危机带来了很多不确定因素,市场风险、汇率风险等急剧加大。比如进口商付款能力降低和汇率波动造成推迟发货和到港压价;人民币升值和国际市场农产品价格回落降低了我省农产品价格的竞争力。由于浙江的农产品出口主要集中在日本、美国、欧盟等陷入深度经济衰退的市场,农产品进口需求出现明显萎缩。不过,随着金融危机对各国影响的减弱,到了2009年下半年,出口降幅收窄,9月份后出口环比逐月增长,到2010年基本恢复了增长。

面对严峻的农产品出口市场形势,浙江的许多企业积极寻求化解办法。一方面,开拓新的市场。以常山天子果业有限公司为例,以往出口的柑橘鲜果主要是销往欧美市场,其实加拿大、东南亚市场也很大,而且进入门槛相对要低一点。调整了出口市场后,该公司2009年出口新市场的柑橘鲜果总量达1.2万吨,占了公司总量的1/4。另一方面,请各国专家指导生产并进行深加工。浙江圣德果业有限公司近年来一直努力开拓欧盟市场,柑橘鲜果大多出口到英国、德国等地。为了能够进欧盟,2009年该公司

专门请来了英国客户到公司胡柚基地进行技术指导,包括农残标准的把握和生产管理。在此基础上,出口产品也从主要是柑橘鲜果转为主要是柑橘深加工产品,这样有效避免了鲜果庞大繁琐的检测程序。

蔬菜出口企业一要利用已有的国际销售渠道并通过整合,建立紧密而又稳定的供销关系,与外商建立长期合作关系,降低代理成本,节省监督费用;二要不断搜集国际市场需求信息,积极寻找新的代理商,通过形成代理商市场,为尽可能多地争取蔬菜出口企业的利益创造条件;三要强化品牌意识,重点培育蔬菜品牌,依靠品牌开发市场,依靠品牌提高效益,通过形成有一定影响的知名品牌提高企业的竞争能力。此外,要充分运用现代的流通手段和营销方式,发展直销业等,降低市场销售成本,进一步提高竞争能力。

(二)降低了对农产品外观的标准

从 20 世纪 80 年代开始,欧盟就对进口的蔬菜水果制定了复杂的产品标准,不仅有质量安全方面的,还有产品外观方面的。受制于这些标准,类似于弯曲的黄瓜、不够鲜绿的芦笋、细小的胡萝卜等,都会因为"体形"问题而无缘欧盟消费者的餐桌。比如欧盟曾经规定,一级绿芦笋长度的 80% 必须是绿的,而一级黄瓜每 10 厘米的弯度不能超过 1 厘米,小胡萝卜不得轻于 8 克,猕猴桃不得轻于 62 克。实际上,普通芦笋长到 40 厘米,一般只能达到 24 厘米的绿色,为了达到欧盟的标准,种植户只得去掉一大截白色部分,损耗很大。而这些损耗种植户只有转嫁到产品价格上,从而提高了出口农产品的价格。

金融危机以后,欧盟等国的居民消费水平受到影响,他们希望能买到更便宜的农产品。于是,欧盟委员会取消了农产品外观方面的标准,以使不同等级的农产品都能上架销售,让消费者有更大的选择余地。按照欧盟的新规定,从 2009 年 7 月 1 日起,欧盟对黄瓜、胡萝卜、芦笋、樱桃等 26 种蔬果在外观和大小方面不再做要求。对苹果、柑橘、猕猴桃和西红柿等 10 种常见蔬果的规定将予以保留,但欧盟成员国可以自行决定不适用欧盟的规定,只要贴上"有待加工"等标志即可(这 10 种蔬果的贸易额占欧盟蔬果贸易总额的 75%)。这项举措在一定程度上促进了浙江农产品出口的增加。

第三节　出口农产品供应链优化的途径

在农产品出口方面,价格竞争只是一种低层次的竞争形态,与其他行业一样,现在应更多地转到供应链的竞争层面上来。供应链的竞争是综合实力的竞争,它可以让相关的经营主体获得较高的回报。因此,必须加强浙江农产品流通各环节的整合,对其供应链的管理进行优化。

一、政府扶持,多发展龙头企业

在农产品出口供应链中,龙头企业实力强,其竞争力就强。以临安水煮笋行业为例,2006 年当地水煮笋产销 296 万罐,仅松友、康鑫两家龙头企业全年销售总收入就达到了 2.9 亿元,上交税金 1340 万元。"水煮笋的加工销售就像鞋子的专卖店,必须各种样式规格尺码齐全,质量可靠,顾客才会喜欢。"浙江省临安市竹笋加工企业协会秘书长俞锦章认为:"松友公司生产的水煮笋不仅质量好,而且有 40 多个品种,这对于日本客商进行配菜销售很方便。"松友公司现在走的是"公司＋合作社＋农户"的产业化之路,在省内外联合了一批水煮笋半成品加工企业,通过这些企业再连接一大批商品生产基地和竹农,与 50 余家竹笋加工企业建立了稳定的订单式协作供销关系,公司还与 1 万多农户共同建立了竹笋原料供应基地 7 万多亩。跟着龙头企业,农户的风险会相应降低。龙头企业出口能力强、带动作用明显,在建立健全农产品质量标准体系、通过国家标准认证、建立或整改出口基地、建立农产品种养殖履历和质量可追溯体系、开展技术研发和技术改造方面具有很大的优势,对于出口农产品供应链的优化至关重要。

在供应链上,只有龙头企业才有实力进行全方位的整合,特别是在信息整合方面。信息作为供应链各组织之间的连接,允许各组织协同运作,往往对整个供应链的运作发挥着引导和优化作用,从而获得最大的供应链竞争优势。供应链管理的主要目的是保证供应链中的物流和信息流的有效流动。国内农产品供应链的优化关键在于产品需求信息的获取与生产的组织。通过龙头企业的统一协调,将农民从"小而全"的生产模式中解放出来,专注于生产,而将采购、销售等业务剥离出来,从而提高效率和效益。各地政府应致力于培养农产品龙头企业,对目前供应链上有潜力的核心企业,在融资、技术扶持、税收等方面提供优惠措施。特别是在企业面临经营困境时,更要大力扶持,促使其尽快成长起来。

 [案例分析]

依托龙头企业,浙江水产品出口供应链转型升级

水产品是指海淡水经济动植物及其加工品。传统的水产品出口,主要以价格取胜,这导致国外市场稍有风吹草动,产品的出口就会大受影响。前几年,浙江水产加工企业的快速发展,很大程度上是受益于较为丰富的本土海洋渔业资源及廉价劳动力,在产品质量本身并不突出的情况下,通过本土化的资源渠道和促销手段取得对出口国外产品的优势。但随着本土市场的成熟、廉价劳动力优势消失以及国外消费者对食品质量安全要求提高,之前粗放型发展模式受到严峻挑战。

于是,在政府的推动下,2006年开始,浙江重点开展了改造提升传统渔业的"三化"工程,从鱼塘、渔船、渔民3个环节入手,着力夯实水产品质量安全基础;并加大实施无公害水产品"双认证"力度,引导中小养殖单位和渔船规范生产。另外,通过实施品牌战略,提升浙产水产品的知名度和市场份额。浙江省渔业系统共获国家级名牌产品4个、中国名牌农产品5个、省级名牌产品79个;通过无公害水产品认证617个、绿色食品(水产品)认证133个、有机水产品认证77个、地理标志水产品7个;有专业合作社517家、渔业龙头企业489家。依托于龙头企业,水产品出口供应链正在悄然转型升级。

一、营建水产品一体化生产基地

为了提供高品质的水产品,其生产加工要求越来越专业,这也使得相应的分工越来越细。而在水产品的流通环节,其时效性要求很高,如果相关各方离开太远,供应链的运作效率就会大打折扣。于是,一体化的水产品生产基地应运而生。2011年初,宁大海洋生物技术有限公司正式投产。该公司坐落在象山县石浦水产品加工园区,总投资达1200万元,生产基地分为室外养殖、暂养区,工厂化繁育、养殖区,

鲜活水产品出口加工车间和水产品保鲜车间四大区域,年产值可达上亿元。宁波大学、浙江工商大学、浙江海洋学院、杭州水产技术研究所等都是基地的合作伙伴。宁大公司对已投放的石斑鱼苗采取全天候恒温和生物养殖技术,生长期将比室外养殖缩短3～4倍,单位面积产量提高30倍以上,且属于绿色无公害产品。保鲜加工等项目的实施,能大大提高当地捕捞水产品的品质,加快渔业结构的调整。

二、加工厂与养殖场合作双赢

在水产品供应链上,分工合作势在必行。以舟山为例,前些年受利益驱动,新建了不少水产出口加工企业,目前已有100多家。这些加工厂加工技术一流,每年有几十万吨的加工能力。但是近年来由于捕捞过度,海捕水产资源数量逐渐减少,于是出现了加工能力过剩的现象。与此同时,省内也有大量的水产养殖场,以往它们主要是将水产品稍加处理就出口出去,附加值低。如果舟山的水产加工企业与省内的养殖场合作,实行"养殖场＋加工厂"的模式,将能成倍提高出口创汇能力。其实,有些龙头加工企业已经迈出了合作的步伐,他们积极与已取得检验检疫备案的养殖场联姻,企业与企业之间分工协作,优势互补,使水产品的加工量和出口量得以增加,从而取得了"1＋1＞2"的效果。

三、投资建造新型渔船

海产品的加工必须及时,由于渔船出海作业时间较长,捕捞上来的水产品需要及时地进行加工处理,否则容易腐烂变质。以前,由于作业渔船技术落后,导致水产品的质量达不到进口国的要求,从而暂停进口的事件。2005年3月,欧盟通过检查,认为我国捕捞船卫生质量不符合欧盟要求,暂停了我国鱿鱼及其制品的进口,并提出对水产原料供应船进行改造的要求。作为水产品质量控制源头的捕捞船,如果其卫生质量得不到保证,捕捞上来的渔获物就易受到污染。2007年时,舟山市有关部门和协会曾组织安排对渔船进行改造,出口企业投入改造资金近1000万元。

近年来,浙江企业不再满足于利润较低的水海初级品销售,积极购买新式渔船,转型发展附加值更高的水海深加工产品。位于瑞安的华盛水产品加工厂以前主要加工丁香鱼、虾皮等小水产，这些一年生上层浮游生物虽然味道鲜美，却存在个体小、易腐烂等问题。而渔民出海即使只撒一网，从海面运送到加工厂起码需要4个多小时，因此大多数加工的都是死鱼死虾，影响口感。几年前，华盛投巨资建造了一艘2500吨级的大型加工渔船"华盛渔加1号"，船上有3条从日本引进的先进水产干制品加工流水线，每小时能加工成品1.5吨，作业效率比原来提高了10多倍，产品质量也有了保证，卖出了翻番的价格。据该厂厂长郑志成说，加工船相当于一艘小航母，周边有数百艘小渔船作业，捕捞上来的海鲜都直接卖给华盛现场加工，免去了渔船传统作业时运输水产品回港的往返环节，大大节省了运输费用，延长了海上作业时间。

二、采取多种方式加强农产品品牌建设

对于地方政府、龙头企业，当务之急是要想方设法对当地好的农产品加强品牌建设。比如，政府应鼓励农产品出口企业到境外参展。浙江省台州市就专门出台了出口企业到境外参展资金管理暂行办法，对各地农产品出国参展提供相应的资金扶持，推动企业在国外市场上打响产品的知名度。另外，鼓励各地的合作社对农产品的种养进行研发，开发出独具特色的优良品种，再配以地方媒体的宣传，起到"不是广告，胜似广告"的作用。各地还可以组织以当地特色农产品为核心的各种活动，提高其知名度。这些举措对优化出口农产品的供应链是很有效的。

2010年10月，省农业厅、省商务厅共同组派浙江省粮油食品进出口股份有限公司、海通集团股份有限公司、省茶叶进出口有限公司、省土畜产进出口有限公司、浙江银河食品有限公司、浙江百兴食品有限公司、浙江扬眉饮品有限公司等近80家农产品出口企业参加了法国巴黎的国际食品展。浙江的橘子罐头、番茄酱罐头、蜂产品、蔬菜、茶叶、食用菌、杨梅饮料、冷冻、调理食品等优势出口农产品受到了客商的青睐，赢得了国外客户的认同。

三、规范农业合作社的企业化运作模式

通过合作社的模式，社员增收会更容易一些：一是传统农业向商品农业和现代农业发展带来的巨大发展空间；二是专业化生产、产业化经营带来的规模效益；三是合作社集中经营，将过去由中间商盘剥的利润留在了合作社内部；四是变农村闲置劳动力为充分就业和高效率劳动创造的利润。

根据经验来看，"公司＋合作社＋农户"是较为有效的农产品出口流通模式。公司通过合作社与农户打交道，能够降低交易成本，易于形成真正的"共享"、"共担"的利益机制。在合作社内部应设置相关的职能部门，聘用有不同特长的职员，比如营销、技术、质量管理、物流服务等。公司应尽可能地为社员提供保底价收购的保障模式，因为只有这样才能够让某一品种的种养业长久地维持下去，并不断提升自身的竞争力。

在农产品的质量内部控制方面，应实施注册场认可兽医（技术员、协检员）制度，加强培训教育，督促其对农产品生产加工过程实施监管并填写监管手册。开展对所有注册养殖（饲养）场药物使用情况的调查，并逐步实施药物备案制度。加强出口农产品的农、兽药残留检测监控；对繁殖材料严格实施出口前实验室分离检疫工作，防止有害生物传出。严格实施出口食用水生动物监装、出口动植物源性食品检验检疫标志加贴和出口宠物用品产品标签的核查工作，确保出口农产品质量安全。

比如，慈溪市四海农机专业合作社一家联合了农村服务龙头（供销社）、企业龙头（海通集团）、种植龙头（种植大户）三大龙头，以蔬菜种植为主、面向出口创汇蔬菜的农机专业合作社。针对出口蔬菜病虫害防治比较困难、人工紧张、成本较高等难题，其联合了浙江农资集团宁波惠多利销售有限公司专门组建植保服务队，为出口蔬菜基地服务。针对要服务的每一种作物，合作社都会与种植大户以及出口企业探讨农药使用的种类，制订严格的预防打药计划，然后合作社与种植大户签订了专门的植保服务合同，详细规定了施药种类、浓度、时间、价格、效果以及违约责任等。这种专业化的服务，有效地提高了农产品的标准化生产。

四、统一协调，逐步完善出口农产品的商检服务

应加大对出口农产品检测费用的补贴力度。首先，检验、检测服务应当由公共基金或财政开支。特定农产品的检验、检测，属于一般性农业生产公共服务，由公共财政承担，既符合 WTO 的"绿箱"政策，也可以减轻企业成本负担。其次，要简化检验检疫程序，减免出口农产品检验检疫费用。第三，要停收查验费。查验费是出入境检验检疫机构委托劳务公司对到港的集装箱进行抽查检验而收取的费用，检验检疫部门应当按照大通关制度，停收查验费。第四，各地的检验标准要在政府有关部门的协调下逐步统一，避免重复检验所带来的浪费。此外，政府有关部门应完善商检制度，鼓励出口企业加大自查力度。比如，商检数量批次和企业信用挂钩，严格执行信用归零制度，即信用等级越高，越是少检，一旦发现质量问题，不但重罚，信用还须从零开始。

五、发挥蔬菜行业协会的作用，建立农产品出口信息网络

针对蔬菜出口信息闭塞、流通不畅的弊病和绿色壁垒趋势，必须重视提高农民的组织化程度，组建各类蔬菜行业协会，建立农产品出口情报网络，做好国内外农产品信息的搜集，搞好产品的预警、预测、预报工作，使蔬菜生产者和蔬菜加工出口企业能在第一时间获得有用的信息，及时应对。预警通报的重点是加强对国外反倾销、国外技术标准变动和绿色壁垒等情况的监测。同时，加强行业自律，杜绝自我竞争压价和争夺出口等不利于我省蔬菜出口的不良行为，为我省蔬菜出口提供一个良好的秩序。另外，蔬菜生产者也可以充分利用现代信息高速公路这一载体，开设网页，介绍和宣传自己的产品，与国外的蔬菜销售商建立起更为便捷的交流方式和信息反馈渠道。

参考文献

[1]马士华,林勇.供应链管理[M].北京:机械工业出版社,2005.

[2]汪普庆,周德翼,吕志轩.农产品供应链的组织模式与食品安全[J].农业经济问题,2009(3).

[3]李小雪,唐立新.基于品牌战略的农产品供应链管理研究[J].物流工程与管理,2009(5).

[4]邓俊淼.农产品供应链价值增值制约因素分析[J].农村经济,2009(5).

[5]胡立刚.浙江一些农业企业反映"商检费"高影响农产品出口[N/OL].农民日报,2009-05-26。http://www.zj.xinhuanet.com：80/news-center/2009-05/26/content_16634830.htm.

第六章 产业集群与农产品供应链的互动关系研究

第一节 农业产业集群的发展历程

自古以来,浙江就是鱼米之乡,虽然地少人多,但一直是农业强省。近年来,浙江更是确立了蔬菜、茶叶、果品、畜牧、水产养殖、竹木、花卉苗木、蚕桑、食用菌和中药材产业为十大农业主导产业。浙江这十大农业产业多数有着漫长的历史,都已形成相应的产业集群,所区别的只是在农业产业集群中的阶段有所不同而已。其中,茶叶、竹木、食用菌等产业的发展已经较为成熟。浙江的食用菌产业集群主要集中在浙西南的丽水一带,其中又以庆元县最为突出,以下就以庆元的食用菌产业为例,阐释浙江农业产业集群的发展历程。

一、浙江农业产业集群发展的几个阶段

农业产业集群的产生,往往有其历史渊源和地理环境的影响。800 多年前,庆元的吴三公发明了人工制菇烘焙技术,香菇的培植成为当地的一绝。不过一直以来,香菇产业发展缓慢,不时还倒退回去,1978 年全县香菇产量只有 43 担。改革开放后,当地政府采取了积极的鼓励政策,1979 年安排4800 多名菇民重返闽、皖、湘、鄂、桂等 11 个省 200 多个县,

重新修起了 3000 多个菇寮,零星的小规模生产逐步得以发展壮大起来。特别是 1986 年当地组织实施"袋料香菇栽培技术"后,香菇经济得到了快速发展。到 1997 年,全县袋料香菇生产规模达 1.67 亿袋,干菇产量达 11700 吨,产值 3.55 亿元。但是,香菇生产无论是原木栽培还是木屑栽培,均需消耗大量木材资源。木屑栽培还需占用农田或消耗麦麸等饲料粮。统计数据显示,生产 1 吨外销段木干菇,需耗阔叶林资源达 180 立方米,麦麸 3 吨,占用粮田或山地 3~3.5 亩。香菇生产的过快发展,消耗了大量的森林资源,据统计,1976 年庆元县森林蓄积量为 940 万立方米,而到 1997 年则剧减为 478.3 万立方米。原有的生产模式难以为继,庆元的食用菌产业发展面临着一个转折点。

2001 年开始,基于生态保护和可持续发展的角度,庆元县政府采取"稳实限产"政策,规定年产量控制在 8000 万袋。在该政策下,当地企业、农业合作社、经销商、菇农积极转变生产经营模式,更新品种、专业分工、标准化管理、注册利用地理证明商标,形成了一套创新的机制,促进了当地食用菌产业集群的升级。目前,全县香菇种植量有计划地减少至 8500 万段,黑木耳 1500 万段,灰树花 1300 万段,其他珍稀品种约 1000 万段,基本形成了以香菇为主、灰树花和其他珍稀品种为辅的食用菌产业格局。庆元县的食用菌产业实现了"一菇独秀"向"百菌齐放"的转变。据不完全统计,2008 年该县从事食用菌及相关产业人员达到 7 万余人,总产值超过 11 亿元。

根据国内学者蔡宁等人的定义,庆元食用菌产业属于市场型集群结构,该结构指的是产业集群内部、企业之间的关系是以平等的市场交易为主,各企业之间以水平联系为主要联系方式。[1]归纳起来,庆元食用菌产业集群的升级之路可以分为六个阶段(见图 6-1)。第一阶段,茂密的森林为食用菌的培植提供了优质且充沛的原材料,良好的生态环境促进了食用菌产业的发展;第二阶段,食用菌产业发展过快,消耗了大量的木材,使当地的森林覆盖率下降,破坏了生态环境;第三阶段,恶化的生态环境无法支持食用菌产业的传统增长模式,对该产业集群的进一步发展形成制约;第四阶段,当地政府限制食用菌产业的产量来改善环境,生产者被迫改变生产方式,从多方面进行创新;第五阶段,尝到甜头的食用菌生产经营者主动创新,带动该产业集群升级;第六阶段,食用菌产业集群的升级与生态环境的改善形成良性互动,推动该产业的可持续发展。

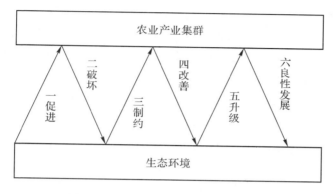

图 6-1　农业产业集群升级的六个阶段

其他农业产业集群的情况大致相同,也经历过或正在经历自毁产业的过程,这主要是由于部分参与主体只考虑自身的利益,"以劣币驱逐良币"。比如,在茶叶、笋制品等领域,都出现过以次充好的现象,带来的结果就是消费者避而远之,从而导致该产业集群发展受阻。这一状况往往是在政府有关部门的干预下得以好转,通过打击、处罚、引导等措施保护品牌,促进企业开展研发,生产附加值高的深加工产品。[2]

二、浙江农业产业集群升级的路径探析

在农业产业集群升级的过程中,当地政府、农业合作社、生产企业和农民之间需要互相配合,才能通过波浪式前进的方式不断完善。[3]具体而言,浙江庆元的食用菌产业集群的升级,相关各方主要是采取了以下措施。

(一)政府宏观控制,主动限制产量

庆元县政府在 2001 年推出香菇"限产"的政策,原因主要有两个:一是传统生产方式木材消耗量太大,生产难以为继。1976—1997 年的 20 年间,当地的森林蓄积量下降了一半,不采取措施香菇产业就会毁了。二是当时菇民普遍采取低价竞争方式,使得种菇的收益下降。为了食用菌产业的可持续发展,当地政府打出"生态立县"的口号,封山育林。人工营造菇木林,并实施菇木林采伐许可制度。这一举措使香菇业参与者的眼前利益受损,初期不为大家所理解。于是,当地政府从"减产不减收"的角度出发,陆续

跟进了一些配套措施进行引导和扶持。

2005 年,庆元开始食用菌标准化生产,县政府根据庆元香菇产业"适度规模、提高质量、增加收入"的发展思路,提出了全面实施香菇标准化生产的"114"战略,根据产业布局在全县建设 100 个香菇标准化生产核心基地,发展规模生产示范户(场)1000 户,稳定 4000 吨标准化香菇生产规模。通过政策扶持、技术指导、企业带动、科技投入等形式,引导农户向大户栽培、专业"农庄型"种植转移。全县形成了生产规模 30 万袋以上的示范基地(村)86 个,年栽培量在 2 万袋以上的大户 960 多户。同年,庆元投资 1500多万元,集加工、仓储、冷藏、保鲜为一体的浙西南最大的农产品仓储冷藏中心正式投入运营。

(二)产研结合,避免同质低价竞争

在传统生产方式被政府限制的情况下,一些生产企业转而寻求与科研院所合作,投资新品种的研发与生产。以前,因为没有压力,研制的新品种只能待在实验室里;现在,不革新就没有活路,企业争相与研究所合作。目前,庆元县培养的香菇菌种不仅品种多,而且和其他地方培养的菌种相比具有抗疫性强的优势。由庆元选育的"241-4"、"庆元 9015"、"庆科 20"等香菇品种,已成为全国广为栽培的香菇主导品种;广泛采用的"高棚层架培育代料花菇技术",已处于国际领先水平;将灰树花的提取物、多糖研究出的"保力生",成为国内食用菌行业唯一一只准字号药品。

庆元县食用菌深加工企业现有数十家,主要产品有保力生多糖、灵芝多糖、香菇粒、盐渍灰树花、蘑菇、保鲜牛肝菌及食用菌小包装等 40 余种,主要出口日本、美国和东南亚。针对国内外市场需求新动向,一些企业尝试将产品生产标准化,并进行深加工,在尝到甜头后逐步进行推广。比如,万成实业公司建成了集加工、仓储、冷藏、保鲜于一体的仓储中心;方格药业有限公司与中国药科大学合作,积极研发香菇多糖注射用原料药及口服用降糖产品,以期填补国内食用菌行业降糖产品的空白;百兴、绿园等公司正在积极探索香菇休闲食品、调味品的开发,已开发成功香菇精、休闲即食食品等产品。

(三)把握方向,引导菇农生产经营方式的创新

现在,庆元的食用菌产业链已经形成,原料提供、菌种研发、菌棒培植、生产加工、流通销售等环节专业化分工。专业化分工使得创新相对更快更简单了,因为产业集群内部各环节一点小的创新,整合起来就是一个大的创新。在庆元,有专门的木糠加工厂,它们将木糠打包缝袋,将一车车香菇专用木糠源源不断地发往全县各地,供给成千上万的菇农制作各类食用菌。庆元本地培植菌棒,菇农外出种植销售,开创了食用菌生产销售的新模式。据统计,庆元现在大约有2万多人常年在外地栽培庆元香菇。庆元还在生态环境保护的前提下从外地获取原料,目前当地香菇生产用的木材50%以上是从县外引进的。

香菇经销商也在技术上创新,将菌棒放在冷藏车运输,避免了菌丝烧死的问题。现在已有部分经销商只出口菌棒,不卖香菇了。还有的经销商致力于将同一品种的食用菌进行分拣,因为分得越细价格卖得越高。按照食用菌的花色和大小分出了不同等级,不但方便了消费者的选择,也卖出了好价钱。诸如此类的创新在庆元食用菌产业集群领域数不胜数,在帮助相关人员增收的同时,不经意间使产业集群得以升级。

(四)弘扬香菇文化,充分利用证明商标的价值

在当地政府的主导下,该县有关部门向国家商标局申请注册"庆元香菇"证明商标,于2003年12月获得批准。当地政府制定了该商标产品的生产标准,划定了使用范围,对各种仿冒产品采取措施进行打击,从而增加了当地产品的附加值。该证明商标的使用增强了从业者的品牌意识、创牌信心,相关农业合作社和企业创牌热情高涨,带动了它们品牌注册和使用的热潮。现庆元食用菌产业共注册商标32件,占全县总数的11%,其中省著名商标2件,市著名商标5件,1家省知名商号。百兴、千百川、百山祖等品牌在市场上具有良好的知名度。

2008年庆元县食用菌产业总产值超过11亿元,其中生产种植环节2.7亿元,企业产品加工环节1.8亿元,香菇市场交易环节5.0亿元,相关行业1.8亿元。同年,外贸出口255万美元,上缴税收227万元。据不完全统计,庆元香菇自取得地理标志保护以来,香菇销售额每年以5%的速度递增,累计产生的直接和间接经济效益约3亿多元。

(五)以农业合作社为龙头,完善食用菌产业的供应链

在中国,农业生产合作社是构建农产品供应链的重要一环。以庆元县百山祖香菇合作社为例,它实行"五统一"运作,注册有自己的品牌,与在县城市场销售香菇比较,不仅缩短了中间销售环节的成本,为本地菇农增加每千克 2 元左右的收购价格,还减少了中间环节(如对香菇喷水、烘干)的再次污染。由于合作社实行统一原辅材料供应、统一收购和销售,不仅保证了原辅材料的质量安全和香菇产品的质量安全,而且形成了利益链。比如原材料供应商,根据事先对合作社成员的生产规模统计,有计划地把原辅材料直接从厂家送到生产农户家中,既可节约运输中转仓储费用,又确保资金的回笼。由于实施了标准化措施,菌棒成活率提高,成员经营业绩逐年增加,还于 2005 年吸引了国外出口商——日本朝日物产株式会社的入社。

三、农业产业集群升级的几点建议

通过一系列有效举措,庆元逐步实现了由"香菇大县"向"食用菌强县"的转变,推动了食用菌产业的可持续发展,实现了生态与经济的互动和双赢。庆元县食用菌产业集群的升级是从保护生态环境着手,通过政府、企业、合作社等各方面的共同推动得以完成(见图 6-2)。借鉴庆元县的经验,课题组认为,农业产业集群的升级应努力从以下几方面着手。

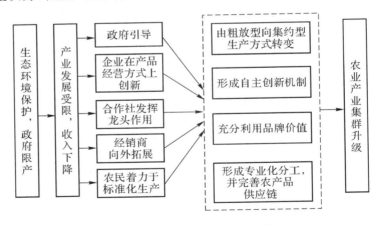

图 6-2　农业产业集群升级路径

(一)政府引导,产业发展着眼于长远

生态环境是农业产业集群发展的基础,从国内外来看,一旦生态环境破坏严重,农业产业集群的发展将难以为继。因此,在产业集群发展初期,地方政府就应从生态环境保护的角度制定相应的政策,以确保与产业集群的和谐发展,少走弯路。当产业集群的短期利益由于环境保护受到影响时,政府应积极地进行引导和扶持,对企业增效减耗的举措配以优惠政策,并大力宣传推广。

(二)形成良好的产业创新机制

在农业产业集群升级过程中,会有少数人率先进行各种形式的创新,政府应敏锐地把握这些信息,对这些人进行鼓励和扶持,大力宣传,引导大家转到这个方向上来。相对而言,产业集群由于分工很细,各环节承担的风险较小。这样,创新的成本较低,而一旦创新成功,又容易得到推广,收益较大。当大家都倾向于通过创新来增加收益时,自主创新的机制就形成了,各种形式的创新也就会如雨后春笋般不断涌现出来。[5]当然,涉及产品研发等技术要求较高的创新,还是要由政府推动科研院所和企业的合作来完成。

(三)注重品牌的注册与使用

农业产业集群是否成熟,一个重要的标志就是是否有响亮的区域产品品牌。农产品和工业产品不同,它对地理环境的依赖性较强。所以,对于有地方特色的农产品,政府有关部门应积极申请注册地方证明商标,并引导生产企业、农业合作社注册自己的商标。对假冒商标的行为,政府应严加惩戒。这样,通过合法使用商标增加产品附加值,同时减少环境破坏较大的低价低质竞争。

(四)完善农产品供应链

随着人们生活水平的提高,农产品的安全性日益受到重视,这对农产品的标准化生产提出了更高的要求。而要做到这一点,必须要由生产企业或农业合作社统一组织生产和流通,这就要求它们能够领头来构建农产品的供应链,"农超对接"就是很好的尝试。通过供应链的完善,能够对农产品的质量更好地进行控制,也有利于专业分工的进行,从而促进农业产业集群的升级。

第二节　基于产业集群的农产品供应链结构

传统的农产品供应链是单链式的,比较简单。随着产业集群的风生水起,各环节的分工细化,参与的主体成倍增加,在一个区域内,有大量的企业、机构和个人都从事和这个产业相关的事情,使得供应链一下子复杂化了,不容易看清楚。一般认为,集群式供应链是供应链以产业集群作为平台,指的是一个内部具有供应链结构的产业集群。

黎继子(2006)在《集群式供应链管理》一书中提出,集群式供应链的结构是由多个单链式供应链为基础组成的精巧网络链,其复杂性决定了集群式供应链中的上下游不同环节的企业合作联结方式,以及跨链间不同企业的跨链合作联结方式呈现出多样性。在现实的产业集群发展中,产业集群为这种供应链间的关系提供了天然的构建平台。[5]因为在产业集群中,不但有着同一产业中位于同一环节的多个核心企业,而且也存在着与产业相关的上下游企业,并聚集于同一地域。

在现实竞争环境中,核心企业和供应链其他各链节一样,存在多个对等的竞争对手或潜在竞争对手,也就是说存在着地位对等的、位于同一链节的多个核心企业。这些核心企业为了获得竞争优势,在专业化和劳动分工进一步发展的情况下,由单个企业间的竞争往往发展为以供应链组织形式参与竞争。

标准的农产品供应链包括供应商、生产商、经销商、零售商和消费者五个环节,在产业集群的前提下,每个环节都会有众多的参与主体,他们之间以什么样的方式进行配合,会影响到整个供应链运作的效率。浙江是个茶叶大省,茶叶产业集群发展程度较高。以下就以茶叶产业集群为例,对茶叶生产流通供应链的情况作一分析。

一、供应商

农产品生产的供应商相对要复杂一些,它们要提供与生产相关的各种条件,主要包括种业公司、农药化肥供应商、生产设备供应商、物流企业、信贷机构、质量检测机构和科研机构等部分(见图6-3)。

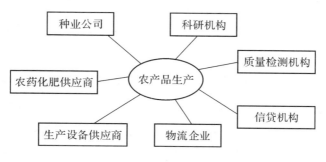

图 6-3　农产品供应商类型

在浙江的农产品主导产业中,其供应商分工是很细的,而且由于浙江块状经济的特点,中小企业本就很多,许多中小企业只负责产业链上很小的一个环节。浙江的茶叶产业发展历史悠久,茶叶产值在全国排第一位,其产业集群处在一个相对成熟的阶段。浙江的茶叶闻名全国,首先在于其特殊的土壤及气候条件,其次在于其炒制方法。比如,大类的龙井茶就是因其特定的炒制方法而命名的。

(一)科研机构

在浙江杭州,就有着8家国字号的茶叶机构,分别是中国农业科学院茶叶研究所,中华全国供销合作总社杭州茶叶研究院,中国国际茶文化研究会,中国茶叶学会,中国茶叶博物馆,农业部茶叶质量监督检验测试中心,国家茶叶质量监督检验中心,浙江大学农业与生物技术学院茶学系。这些机构为浙江茶叶的生产质量和品种创新提供了相应的保障。依托于这些机构,又进而衍生出一批提供配套服务的机构和企业。比如成立于1993年的浙江大学茶业科技开发公司,它就以浙江大学茶学系为依托的技术型企业,集科研、生产、贸易于一体,主要从事茶叶新产品开发、茶叶科技推广、技术咨询、茶叶(西湖龙井、钱塘龙井、越州龙井和高山有机茶等)生产销售等工作。十年来与省内外十多家茶叶生产贸易企业建立了技术合作关系,给几十家茶叶及茶多酚生产企业提供先进的技术支持,对这些企业的发展起到了积极的作用。该公司还在西湖、钱塘及越州龙井产区分别拥有基地。

类似的还有浙江省茶叶公司,它也是由浙江省科技厅认定的"浙江省农业企业科技研发中心"建设单位。该公司在几年前组建茶叶研发中心的基础上,与全国供销合作总社杭州茶叶研究院紧密合作,共同成立了浙江省茶叶集团茶叶研究所,加强了科技研发力量。该中心主要开展茶叶关键技术研究开发,实施茶叶科技成果中试、孵化和实现产业化,开展面向农户的先进实用技术培训、技术诊断和咨询等服务。为了鼓励农业科技成果的转化,浙江省还专门出台了《浙江省农业科技研发中心建设实施意见》,指出农业科技研发中心主要建在国家级、省级农业龙头企业及其他符合条件的农业科技企业,是企业中专门从事研究开发的实体或机构。旨在强化农业科技成果向生产力转化的中间环节,形成和逐步完善以农业企业为主体,涉农高校、科研院所为依托,自主创新与引进消化相结合的农业科技创新体系;提高农业企业的技术创新能力,为加速农业企业和行业的科技进步提供技术支撑,整体提升区域支柱产业的技术水平。

几十年来,科研机构研制出中茶 108、中茶 302、中茶 102、龙井 43、龙井长叶、菊花春、寒绿、碧云等茶叶新品种,还研制推广了一系列的新技术:包括有机茶的生产技术、中茶早叶面肥、生物活性有机肥、超微绿茶粉生产技术、茶浓缩汁膜分离生产工艺、降糖茶生产技术、FTS 茶叶系列保鲜剂生产技术、茶儿茶素单体的制备技术、γ-氨基丁酸茶加工技术、茶氨酸提取制备产业化技术、昆虫化学信息素防治茶园害虫技术等技术。新品种和新技术的推广给浙江的茶产业带来了巨大的收益。

(二)设备供应商

随着技术的发展,越来越多的手工操作正在逐步被机器设备所取代。另外,随着员工薪资水平的提高,传统的大量使用人力工作的模式正在转变,因为使用机器来替代其效率更高,成本更低。几十年来,农产品的设备生产日益成熟,而且由于浙江的模具产业非常发达,也带动了农机企业的快速发展。以茶叶产业为例,目前已有不少的茶叶机械公司在国内颇具影响力。浙江春江茶叶机械有限公司、浙江上洋机械有限公司、嵊州市众兴茶叶机械厂等企业都是在全国茶叶机械行业知名度颇高的企业,这些公司科技力量雄厚、设备齐全,有着几十年生产茶机的悠久历史,产品畅销全国各产茶区,可提供各类名优茶、初精茶、有机茶、保健茶、蒸青茶、乌龙茶等茶叶加工设备,并销往周边国家。通过自身的研发,这些茶机企业多拥有专利技术,并顺应农产品的市场需求,形成了主要生产农产品深加工机械和环保节能设备的趋势。

21世纪,茶叶加工的根本出路在于建设清洁化流水生产线,依托浙江大学、浙江工业大学、浙江农林大学等一批大专院校、科研单位的强大技术支持,浙江茶机生产企业的实力越来越强,新产品层出不穷。比如嵊州市众兴茶叶机械厂2010年成功研制的全自动龙井茶炒制机,采用"微电脑"操控,设置好程序,一按下电钮,炒茶机就开始运转,在入口处自动放入茶叶青叶,几分钟后,出口处就会"吐"出炒好的扁形龙井茶叶。这种新型的全自动龙井茶炒制机一人可以管理和操控10余台,低碳环保,而且制出的龙井茶叶光泽度好,完全符合扁、平、光、直的要求,非常受茶农的欢迎。

在浙江,这些设备供应商还得到了政府的大力支持,从2008年开始,茶机被列入了浙江省农机购置补助范围,每台茶机政府给予补贴900元。

(三)种业公司

农产品若想取得优良的品质和高产量,种子是一个关键的因素。在成熟的农业产业集群区域,总能看见大的种业公司的身影。不过,浙江的研发机构和企业在种业研发上较为落后,虽然产品的种植规模很大,产量也很高,但优良的种子往往掌握在国外的供应商手上。比如,近年来在浙江发展迅猛的花卉苗木产业,据统计,目前浙江花卉苗木的种植面积已有161万多亩、年产值近70亿元,已经超过云南和广东,位居全国之首。然而令人难堪的一个事实是,在市面上很畅销的蝴蝶兰、大花蕙兰、红叶石楠、金叶女贞、四季海棠、仙客来等观赏花木的种子来自欧美等地。浙江的鲜切花、盆花和花坛用花的种子,80%多要依赖进口。浙江的种业公司力量薄弱。

种子种苗市场的旁落,与浙江花卉大省的地位极不相称,更影响着花农增收的后劲。据分析,产生这种现象的原因并不是因为花卉苗木资源不丰富,而是因为花卉新品种的培育不仅投入大,而且周期长、风险高,短则两三年,时间长的要十多年甚至几十年。而在浙江8万多家花卉苗木经营主体中,农户就有 7.5 万多家,其中种植面积 5 亩以上的仅占 10％ 左右,根本无力承担种子研发的费用;对 5700 多家企业来说,许多单位囿于经济实力和认识不足,只注重眼前生产,无力从事新品种的研发。

种业公司实力弱,导致有些花农自繁自育花种,从而使花卉产业一直徘徊在低效原始的状态。由此可看出,浙江的花卉产业集群还只是处于初级阶段。而在欧美许多国家,花卉种业几十年前就实现了产业化生产,不仅全部实现机械化操作,而且通过定向选育,可以大批量生产某个品种的花卉种子,并不断提高纯度。

种子种苗是农业中技术密集度最高、附加值最大的行业,也是浙江省农业产业转型升级的关键因子。种业公司的欠缺,已成为浙江农业进一步发展的"瓶颈",要解决这个问题,政府科研部门应做好许多企业和农民想做而做不了的事——建立育种平台,及时开展新品种培育。

(四)其他机构

围绕着农产品生产的供应环节,还有农药化肥供应商、物流企业、信贷机构、质量检测机构等。与浙江农业产业相关的这些机构都有,但是专业化程度不够高。浙江的物流产值是很高的,道路等基础设施也很发达,但是针对农产品储运的专业物流企业几乎没有,这导致农产品在流通环节的损耗比率依旧比较高。信贷也是类似的情况,无论在金融机构,还是在民间,浙江的资金总体是比较宽裕的。但是,通过正式的渠道获得的信贷支持还是不够,农业生产流通领域所需的部分资金要靠企业或个人自己想办法解决。为了适应农业产业集群的发展升级,这些机构亟需针对农业进行专业化的转变。

包装在商品的销售中起着重要的作用。著名的"杜邦定律"指出,63％的消费者是根据商品的包装和设计进行购买的。据国际统计协会提供的资料,好的包装可提高销售额 15％～18％。在销售浙江绿茶的同时,应通过配套销售带有中国传统特色的茶具,销售介绍茶文化的书籍、光盘等,使国内外消费者在品尝浙江茶叶的时候,不仅是在消费商品,也是在消费文化。

二、生产商

与国内其他地方一样,浙江农产品的生产商也由三部分组成:农户、农业合作社和农业加工企业。只是近年来,开始出现了一些新的特点,主要体现在以上三个方面的"比重增加"上。

(一)农业合作社与加工企业比重增加

在浙江,单个农户的生产方式越来越少,这主要是因为浙江人多地少,每家农户平均分配到的土地面积有限,单个农户的生产难以形成国外农场主一样的生产规模。在规模不大的情况下,单个农户获取信息的渠道又不畅通,技术手段落后,其从事农业生产所得收益有限,远低于他们到当地企业打工或做生意所得的回报。于是,导致这些农户要么荒弃土地、离地进厂、弃农经商,要么以农业合作社的形式组织在一起,统一种植、统一销售。另外,随着市场对深加工农产品需求的增大,作为农产品生产商之一的加工企业也越来越多。

以浙江的茶叶产业为例,2010 年全省茶园面积 270 万亩,比上年增加 2.4%;茶叶产量 16.6 万吨,与上年基本持平;茶叶农业产值 86 亿元,比 2009 年增加 14.2%;为农民增收 10.7 亿元。浙江在 2000 年即成立了浙江茶叶产业协会,现共有会员 363 家(包括个人会员 87 人)。在茶叶加工企业中,浙江茗皇天然食品开发有限公司、易晓食品(衢州)有限公司、杭州茗宝食品有限公司、浙江东方茶业科技有限公司绍兴分公司、浙江塔塔茶业科技有限公司等以生产速溶茶为主,全省速溶茶企业生产能力达到 1 万吨,满足生产能力可消化干茶 5 万吨,目前实际年产量约 5000 吨,占全国速溶茶产量的一半左右;杭州娃哈哈集团有限公司生产的调味型茶饮料,年产量约 150 万吨,占全国茶饮料总量的 15% 左右;临安九诚茶业有限公司和长兴茶乾坤食品有限公司主要生产袋泡茶,2010 年有 3000 吨产量,大多销往日本市场。

(二)农产品深加工比重增加

由于农产品上市的批量性和生产的长期性,要让农产品获得较高的经济利益,深加工是较为可行的路子。以前,浙江的农产品加工多为初级加工,也就是只对农产品进行简单的包装、分拣、腌渍等处理。现在,越来越多的企业开始投入资金从农产品中提炼价值更高的产品,并对原来没什么价值的副产品进行有效利用。据统计,浙江目前茶叶深加工企业总数在20余家,产品主要有三类:一是加工速溶茶、茶饮料和固体奶茶;二是萃取茶多酚原料和加工茶多酚保健品;三是开发各种袋泡茶;另外,还有几家从事抹茶生产、低咖啡因茶加工和茶籽油榨取的企业。

茶叶深加工是指以茶鲜叶、半成品、成品茶或副产品为原料,应用现代高新技术及加工工艺,集成生物化学、营养学、微生物学、酶工程学以及机械工程、食品工程、生物工程等学科的新技术,形成茶叶深加工的机械化、连续化、自动化。其主要包括两个方面:一是将传统工艺加工的产品进行更深层次的加工,形成新型茶饮料品种;二是提取茶叶中功能性成分,将这些产品应用于食品、化工、医药、环保等行业。茶叶深加工产品在21世纪有广阔的市场前景。

现在,购买茶叶深加工产品的顾客越来越多。茶籽油、以废弃的茶叶老枝条作燃料熏制的火腿、茶多酚、速溶茶粉等新产品层出不穷,深加工的比重越来越大。通过实现从传统的"喝茶"到"吃茶"的转变,拉长了茶叶的产业链。

(三)农产品原生态生产比重增加

绿色食品近年来日益为消费者所重视,市场价格成倍上涨,而且往往呈现供不应求、有价无市的状态,生产这类食品反而能获得更高的价值。于是,以前由于产量低、效益不好而淡出人们视野的一些原生态农产品生产在逐步恢复。比如,市面上的本鸡蛋、野生鱼、有机大米、有机茶叶之类的农产品比重在增加,受到消费者的青睐。

浙南松阳茶叶市场近年的迅猛发展,很大程度上就得益于有机茶的生产。松阳非常重视茶叶的原生态生产,在20世纪80年代初期正式注册了"松阳银猴"商标。依据得天独厚的茶叶生长环境优势,高标准茶叶基地的建设,统一的生产加工标准,专业合作社的创立,当地的有机茶在国内享有较高的知名度。松阳县以每年8000亩的幅度递增良种茶园,目前良种茶园面积10.34万亩,良种率达到93.8%,位居全省首位。2006年,更是在全国绿茶产区中率先推广应用茶叶质量安全全程监控关键技术,实施清洁化生产,提高茶叶质量。目前,其已获得"中国绿茶集散地"、"中国名茶之乡"、"浙江省茶叶产业强县"、"松阳茶"地理标志等称号。依据产品的原生态,松阳走出了一条新的农业产业发展道路。

三、经销商

（一）农产品批发市场

日本是最早推出批发市场的国家之一,早在 1923 年,日本就制定了《中央批发市场法》,1980 年,改为《批发市场法》。其中规定:"批发市场是指为鲜活商品等批发业务开设的市场,场内设置有批发市场交易所、汽车停车场及交易、加工、分装商品等所需设施,并连续开放使用。"在国内,从狭义的角度讲,农产品批发市场就是指进行农产品批发交易活动的场所。而从广义的角度讲,它是泛指农产品商品批发交易的领域。

农产品批发市场的形成方式分为两种:一种是在农产品集贸市场基础上自发形成,有关部门加以选择、引导、规划、建设而成的批发市场;另一种是由政府有关部门参照国外经验进行规范设计而建立的。[7]

改革开放以来,浙江人在批发市场的建设上显示出其特长,批发市场遍地开花,而且基本上是建设一家,成功一家。目前已拥有义乌中国小商品城、海宁中国皮革城等 4900 余个专业市场。在浙江,农产品批发市场较好地发挥了农产品集散、价格形成、信息集散、结算、调节供求及服务等诸多功能。比如,浙江松阳的浙南茶叶市场就是"中国绿茶集散地",该市场的兴盛,以一亩带动万亩的强大推动力,辐射周边县市遂昌、武义、云和、丽水以及福建、江西、湖南、安徽等地茶园 100 余万亩,惠及茶农 50 万。在松阳,全县人口有三分之一从事茶产业、农业总产值三分之一源于茶产业、农民收入三分之一来自茶产业。据统计,2010 年,松阳茶叶总产量 9100 吨、产值 6.43 亿元,分别增长 3.7％、26.0％;浙南茶叶市场交易量 5.12 万吨、交易额 17.8 亿元,分别增长 21.9％、43.5％。由于浙南茶叶市场对松阳的带动效应,当地的茶叶"松阳银猴"品牌被专业机构估值 10.49 亿元。

在松阳县,其茶叶有形市场和无形市场交相辉映,互为促动。其有形市场主要是浙南茶叶市场的实体建设,无形市场则是近年来电子商务的拓展,其还健全了信息网络、现代物流等配套服务设施。通过这两个市场,松阳茶业不仅吸引了大批中外茶商,也为广大茶商交流茶界信息提供了一个良好的平台,促进了茶业供应链的形成。当地茶叶的价格也是每年节节攀升。

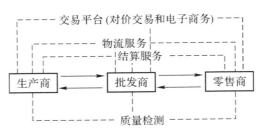

图 6-4　松阳茶叶市场供应链运作模式

三易其址的浙南茶叶市场目前占地 130 亩、拥有 200 间店面和 1 万个摊位。这个市场已成为浙江茶叶流通体系中的一个重要环节,通过交易平台、物流服务、结算服务和质量检测等,它有效地衔接了上游的茶叶生产、加工环节和下游的茶叶销售环节,将茶叶产业链上的各环节有机地串在一起。松阳新建的浙南茶叶市场开市以来,以批发为主,一周日交易量平均维持在 1.5 万千克左右。由于市场品种齐全、茶叶上市早,不但吸引了丽水、缙云等周边县市甚至省外的茶农前来卖茶,还吸引了山东、北京等地的茶商前来采购,辐射范围很广。

另外,浙南茶叶市场网络的逐步健全,还促进了松阳茶产业的分工细化,形成了种茶、制茶、销茶的产业分工格局。与此同时,许多茶农也伴随着市场的成长日渐成熟和分化,由于和外界信息接触的增多,他们的眼界日渐开阔。有相当一部分茶农开始了角色转换,当起了茶叶经纪人、开茶叶经营店、办茶厂、开茶楼。据统计,人口仅 23 万的松阳县出现了数千位本地茶商。

(二)农家乐

近年来,作为一种新兴旅游休闲形式的农家乐在全国遍地开花。农家乐可以说是原来农产品供应链的一种变形,它在提供给游客观光、吃喝消费的同时,对一些具有当地特色的农产品也起到了促进销售的作用。比如,杭州一带的农家乐多在空气清新的山区,而这些地方多产龙井茶。游客到这里休闲的主要方式就是喝茶、聊天、吃饭,一方面,游客在吃喝中相当于购买了茶叶、本鸡、蔬菜等农产品;另一方面,有些游客还会顺带着购买一些农产品回去。这样,农家乐的经营户们就起到了经销商的作用。在农家乐繁荣的地方,农产品的消费量是不容小觑的。杭州的梅家坞一带是西湖区的一个村,顶峰时期开设有 150 多家的农家乐,每家农家乐的日均营业额在万元以上。当地又是著名的龙井茶产区,每年通过这些农家乐也销售了大量的茶叶出去。

从浙江省农业和农村工作办公室获悉,"十一五"期间,浙江省农家乐休闲旅游业共接待 7802 万人次,营业总收入达 64.2 亿元。到 2009 年年底,共培育出省级农家乐特色村 145 个,特色点 145 个,四星五星级经营点、户 148 家,直接从业人员 9 万人。"十二五"的目标是要接待游客 1.2 亿人次、经营收入翻一番达到 120 亿元。农家乐拓宽了农民的创业就业渠道,不离村不离土实现增收致富;它还带动了土地流转和规模经营,种养、加工、休闲旅游有效结合形成新的产业分工,促进了农业产业结构调整。

在浙江有些地区,政府还对农家乐产业单个农户小打小闹的方式进行了整合,使得其在整个产业链中发挥了更为重要的作用。比如,在浙江丽水的云和县,设有"农家乐"的专门服务热线,只要拨打一个电话,就能获知全县 75 家"农家乐"的所有信息,包括像大菜单这样的东西。云和县农家乐原来较为分散,形不成规模,游客一多就接待不了。这个热线则将"农家乐"化为一个整体,形成了"大农家"产业。石塘镇小顺村是个典型的旅游村,该村开有大小农家乐 20 多家,每年营业收入达 300 多万元。随着"农家乐"的发展,在"农家乐"相对集中的区域还出现了产业自销圈,当地的留守农民从自销圈中获益颇多。比如,云坛乡梅湾村仅有 4 家"农家乐",总人口却有 500 多人,于是村里许多人成了"农家乐"的后勤人员,而且销售掉了许多本地产的农产品,利用农家乐实现农产品本地化的自产自销。

四、农业产业园区

农业产业园区是农业产业集群的较高阶段,在园区内,入驻有农产品的深加工企业、农产品研发机构、贸易公司、供应商以及物流企业等。在园区及其附近,完整的供应链即可形成。由于地理上相距很近,相互之间信息非常畅通,农产品的流通速度可以大大加快,从而提高供应链的整体运作效率。[8]

2001 年,舟山市普陀区政府与浙江工业大学联合成立了"普陀海洋高科技(大黄鱼加工业)园区",区长亲任组长。同年,浙江省科技厅批准该园区为第一批省级农业高科技园区。园区利用南靠沈家门中心渔港,东接舟山国际水产城,地处大黄鱼养殖产业带的资源优势,鼓励、引导园区内的龙头企业,发挥其资金、加工技术、市场销售等特长,形成大黄鱼养殖、加工、贸易一体化。现园区总面积 1800 亩,总产值达到 35 亿元,其中水产品加工产值 23 亿元,占普陀区水产加工产值 60%以上,出口创汇 2 亿美元,占普陀区水产品出口创汇 80%,养殖大黄鱼订单加工 70%以上,有上亿元规模企业 10 余家,省级龙头企业 8 家,提供就业岗位万余人。近 20 家企业通过 HACCP、FDA 和 ISO 质量体系认证,使企业上规模、上档次,提高了市场竞争力。

建立水产品产业园区,发挥水产品加工业集群效应,是水产品加工增值的有效途径。加工原料的合理配置,离不开优势水产品产业带建设。优势水产品产业带是指主要生产优质专用水产品,且自然资源优良、生产规模较大、产业基础较好、空间上相对集中连片的优势区域。切实搞好关联水产品、上下游企业间的配套协作,引导分散的加工企业向园区集聚,努力打造专业园区、特色产业区,是浙江省农业产业集群建设的一种新模式。

在浙江的水产品产业园区建设方向上,课题组认为,应抓住水产加工品已正式实施"QS"市场准入制度的契机,着力培育水产加工企业集群示范基地,做强龙头企业,深化渔业产业化经营。龙头企业是加工企业集群发展的主体,因此,需加快扶持一批产业化基础好、辐射带动面广、市场竞争力强、技术水平高、经济效益优、诚信度好的水产品加工龙头企业,引导养殖、捕捞渔(农)民向龙头企业集聚,而龙头企业则要大力发展和完善加工原料订单基地,与渔农户结成生产、加工、销售的利益共同体,实行基地化管理和标准化生产,提高对产业带内特色优势水产业的带动力和加工经营效益。

在产业园区内，由于相关企业聚集在一起，信息沟通方便，有利于合作，而同一类型企业的竞争压力也更大，因此，产业园区实际上提供了一个很好的创新平台，有利于企业快速地解决共性技术难题。农业产业集群真正的核心竞争力就在于其是否能持续不断地进行技术、制度、管理等方面的创新，也就是集群内的企业是否能做到生产一代、研发一代、储备一代，提高引进、消化、吸收、再创新的能力。同时，在农业产业园区中，还应联合高校与研究所，构建技术创新平台，解决共性技术难题。

除了水产品，浙江其他的农产品也可以在条件成熟时建立相应的园区，围绕其交易市场和深加工企业来建，引导上下游企业聚在这个产业园区附近，比如，笋加工、蜂蜜加工、蔬果加工等都可以采用这种模式。

2010 年初，省委、省政府作出了现代农业园区和粮食生产功能区建设重大决策，要求到 2018 年建成 800 万亩粮食生产功能区；用 5 年左右时间，建成 100 个以上省级现代农业综合区，200 个以上主导产业示范区，500 个以上特色农业精品园。在现代农业园区建设中，截至目前，全省已编制现代农业综合区建设规划 112 个，确定省级现代农业综合区创建点 98 个、规划建设面积 357.6 万亩；省级农业主导产业示范区创建点 187 个；特色农业精品园创建点 289 个。

第三节　产业集群与农产品供应链间的相互影响

供应链上的节点企业就是产业集群的构成实体，按照供应链的思想进行专业化分工后，使企业间关系紧密，形成环环相扣的协同运作模式。在产业集群中，信任和独立是构建供应链的前提。黎继子认为，维系整个集群式供应链企业的合作关系是以信任为主要合作平台。传统单链式供应链是基于威慑和强行的一个倒置的供应链系统，物流逆向而上，自然导致速度慢、库存高（见图 6-5）；集群式供应链基于信任和独立，是一个顺置倾斜的供应链系统，物流顺流而下，生产速度快、库存低（见图 6-6）。

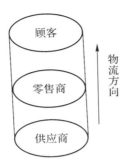

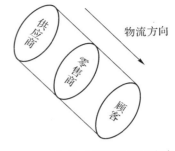

图 6-5　传统单链式供应链物流方向　　　　图 6-6　集群式供应链物流方向

研究认为,产业集群与农产品供应链相互间的影响可以从信息流、物流和资金流三个方面进行剖析。

一、信息流的影响

21 世纪,互联网技术在农业领域的应用越来越广,使得农产品流通过程中的信息保持畅通。

(一)产业集群带动了电子商务的发展,缩短了供应链的下游环节

刘甜甜(2010)认为,信息流是供应链运行的纽带,没有良好的信息流管理就没有高效的供应链运作。信息流是供应链的基础,信息流越完美,供应链结构越稳固,产业集群组织在市场竞争中就越占有优势地位。产业集群中供应链上信息的沟通包括横向沟通与纵向沟通两种,前者指的是产业集群内企业间彼此的信息交流与沟通,后者指的是各企业与其上下游企业间的交流与沟通。[9]

信息共享需要产业集群间企业相互沟通有良好的畅通性,因此,产业集群间的竞争应该是一种合作式竞争。通过供应链上各节点企业的信息共享,全方位地对市场情况作出反应,提高企业的反应速度。在实际运作中需要注意的是,产业集群中信息的获取要把握好时效性和真实性的原则。

产业集群的生存就在于能否使产业集群内部的大批企业均能快速捕捉到市场的需求,以客户的需求为导向,及时准确地调整企业的生产方向。互联网技术为产业集群迅速融入全球电子化管理系统奠定了坚实的

基础,为供应链数据的传输与交换提供快速、安全的渠道。从这个角度来看,网络作为最好的数据交换工具,成为供应链与产业集群的黏合剂。

信息网络平台能保证信息获取时间上的前沿性,增强企业间的信息透明度,为企业选择合作伙伴提供便利条件,方便了解合作商、客户的信誉度,并有利于降低交易成本与库存成本。

(二)产业集群的分工拉长了供应链的上游环节

王宁(2005)认为,电子商务下的农产品供应链整合是通过基于信息网络的供应链电子商务信息平台,将农产品的生产、加工、流通、消费等环节有机结合起来,农产品生产者、供应商、经销商通过信息平台形成农产品产、供、销一体化运作,各个环节之间实现无缝衔接。农产品的监管机构可以通过信息平台对农产品的生产加工、市场准入、质量安全等直接进行监管。消费者也可以通过信息平台的网络终端对所购买的农产品的质量安全进行查询,并可追溯产地,切实保证了消费者的权益,也有利于农产品品牌的创建与保护。

刘辉等(2008)认为,农产品供应商根据电子商务信息平台上经销商和零售终端提出的需求信息,向其上游的农户发布生产信息,生产加工企业、中介组织通过订单向农户收购农产品,从而减少农户生产的盲目性,同时农产品的销路有了保证,不仅降低了农产品物流的成本,减少了农产品的损耗,而且有利于促进农业生产的产业化。农产品供应链还可以通过信息平台实现网上拍卖等先进的交易方式,如果连接到海关和银行,可以实现网上支付。

据统计,到2010年底,农村中国商务总站已有160多万家企业入驻,每天以新增几百家速度发展,同时各种商机信息的发布量每天保持在近30万条。在浙江省农业产业集群的快速成长中,农产品电子商务也是同步跟进,有些地区已经建立起功能较为完善的网站,并通过实际运营完善了供应链,带动了地方农业的发展。比如,2010年,有着"鱼米之乡"美誉的嘉兴诞生了中国农产品网上交易市场,首批就有175家农业企业入驻。嘉兴中国农产品网上交易市场目前主要由四大板块构成:形象展示板块、产品交易板块、资讯类板块、功能性板块。该网站目前展示的农产品已有上千种,基本涵盖了嘉兴市五县两区及各地名、特、优、新农产品。它不仅为嘉兴本地特色农产品产、供、销提供了更为快速的流通渠道,也为全省乃至全国的农产品资源的合理配置提供了更为安全、快捷的交易平台。农产品的电子化交易帮助嘉兴的传统农业向现代农业转变,有效地改善了农产品供应链上的信息流。

先行者所得到的好处触动了周边其他地区,2011年年初,浙江台州市供销合作社所属台州农副产品集配中心台州总部及其"山海一品"电子商务网站、淘宝网"山海一品"农产品销售网店同时开张运营。这是台州全市首家大规模销售农产品的网站,其致力于建成高效、便捷的涉农商务信息发布和网络交易平台。依托该电子商务平台,台州本地的临海蜜橘、玉环文旦等300多种农副产品实现了网上销售。

在尝到电子商务给农产品供应链带来的好处后,浙江省又开始尝试移动商务在农业中的应用。据中国互联网络信息中心2010年4月15日公布的一项调查报告显示,截至2009年年底,中国农村有超过1亿互联网用户,仅占中国农村人口的15%。而手机则普及得多,据统计,浙江省平均每人都有一部手机,利用手机来发布相关的农业信息让老百姓感觉更为方便。目前,浙江省有关部门提供的手机信息服务包括两个方面:一方面,建立移动农业信息资源库。通过遍布城乡的手机通信设备,针对不同的区域建立农业移动数据库,将农民作业时候可能遇到的诸如病虫侵袭、天气预警、产品价格行情等通过手机报、每日农业信息咨询发送给终端。另一方面,挖掘移动信息和B2B平台的对接可能性。针对农村上网的局限性,强化区域信息员的直接引导作用,通过引导、实地帮助和讲解,帮助农户及时把握农产品的供求信息。

集群式供应链所在的产业集群地域中,往往存在着大量的中小企业,中小企业是产业集群中的主体,而大企业的数量很少,因此集群式供应链是中小企业普遍适用的供应链。在产业集群地域中,聚集众多同一产业,位于不同环节的许多企业,能进行基于本地一体化的运作。由于地域的临近,以及上下游之间的协作性,集群中小企业之间的信息是对称和畅通的,所以集群中小企业不需要建立严格和功能强大的供应链信息系统,也不会导致信息失真和供应链中所易出现的"牛鞭效应",这样无形中将中小企业实施供应链管理的障碍化为无形。

　　集群式供应链一般采用的是网络结构链,由于分工的细化,整个供应链比一般的要长。在供应链的各环节中,合作企业相对比较集中,而且由于相互间关系很熟,沟通便利,各环节的信息很对称和畅通。因为产业集群的因素,各环节分工协作发达,在研发、生产、市场信息等方面有着较强的地域吸引优势存在。整个系统的稳定性较强,系统内对单元企业来说稳定性一般。

　　目前,国内农产品电子商务业务分为三层:一是初级层次,主要为农产品交易提供网络信息服务;二是中级层次,除提供供求信息,还提供网上竞标、网上竞拍、委托买卖等在线交易形式;三是高级层次,除提供信息外,力求实现交易货款的网上支付。浙江省的农产品电子商务还处于初级向中级过渡的阶段。经验证明,随着农业产业集群的发展,属于分工细化出来的电子商务逐步完善,从而有效保证了农产品供应链的畅通。

二、物流的影响

(一)产业集群促使相关主体将物流业务独立出来

　　产业集群的一个显著特点就是大量相关企业在地域上的集聚,需要有大量的原材料流入集群所在地,同时又有大量的最终产品从集群所在地流向消费地。产业集群的物流系统的服务效率和物流成本在很大程度上决定了集群能够有效辐射的市场区域大小,换言之,产业集群能够服务的市场容量大小基本上受制于物流系统的成本和效率。专业化分工带来的高生产效率是产业集群的基础优势,所以产业集群如果没有物流系统的有效支撑,集群的竞争优势将大受影响。提高物流效率、降低物流成本均依赖于进行有效的物流合作,而不同的合作治理模式直接影响合作能否高效进行。在农业产业集群中,由于相关主体地理位置相对较近,物流统一配送可使相互间的物料、人员的空间转移成本大幅降低,有利于快速应对由物资短缺造成的不稳定。

　　产业集群中的供应链是有着多个主导的核心企业进行基于单链式供应链形成和跨链间合作进行。由于供应链的存在,产业集群内各企业在面对竞争时不得不摒弃单纯的个体利益，转而从整个供应链价值网络的整体利益出发来制定和实施自身的经营战略。刘甜甜（2010）提出，农业产业集群内生产的产品具有极大的相似性，所以运输、仓储、流通加工等也具有相似的要求，这就要求产业集群内的物流更具有专业性，从而在客观上促进产业集群物流服务的高效率和专业化。产业集群也会促进农产品的专业配送中心建设，它能够起到提高物流服务质量、实现配送的经济规模化、减少用户库存、加速商品周转的好处。

高度的专业化分工是产业集群的一个基本特征，对于产业集群的绝大多数企业而言都是提供一种或者几种专门化的产品或者服务，物流业务通常不是企业的核心业务。选择与物流企业合作除了可以获得成本低、效率高的物流服务之外，还可以集中有限的资源于企业的核心业务，提高资本回报率并降低经营风险。

（二）物流的发展有助于供应链各环节衔接更加紧密

孙鹏（2009）提出，物流服务贯穿于整个集群供应链的管理过程，它支持集群式供应链内各企业之间的连接和互动，但是同一物流体系又同时服务于多条集群式供应链。集群式供应链作为一种产业集群发展的新型供应链组织范式，其大量的、高频率的商流活动对集群企业的物流能力提出了更高的要求。集群式供应链的物流能力是从接受客户需求、处理订单、分拣货物、运输到交付给客户的全过程中，在响应速度、物流成本、订单完成准时性和订单交付可靠性以及管理者对物流运作过程的组织与管理的综合反应能力。在集群式供应链物流运作过程中，物流运作能够满足由核心客户、供应方、物流服务提供者三方所决定的物流最优方案，我们则认为物流能力满足了集群式供应链对物流的需求。如果物流能力低于物流需求，会直接影响到物流服务的质量，导致客户对服务不满，从而影响整个产业集群的竞争力。

集群式供应链进行协同物流是指从系统角度，应用系统科学研究整个物流过程及其各种影响因素，使多条集群供应链在原材料到半成品到产成品到商品流程中的采购、生产、销售形成有机整体，对实物活动过程进行整体规划和控制，实现物流系统的最优化。

问题的解决,必须要拥有一个相对物流能力很强的第三方物流企业参与,这个第三方物流企业必须有能力整合和优化产业集群的所有物流资源,能够与集群供应链建立虚拟模式。根据特点的不同,集群式供应链可采取基于节约资源、减少环境副效应关联型的物流运作模式;或者综合产业集群中的多个供应链,通过整个集群式供应链的合作协调、共享物流资源,形成基于本地一体化的合作型集群式供应链物流运作模式。

区域物流系统涉及铁道、水运、公路、仓库、场站、管理体制、信息水平等相关因素。对区域物流系统的构建,依靠市场的自发行为是不够的,将会造成重复、无序及资源浪费。这需要地方政府及早统筹规划,依靠政策、管理和制度系统化来统筹构建一个协调发展、物畅其流的区域物流系统。

浙江的农业产业集群分工比较细,第三方物流发展迅速,目前已在全省各地建有一批农产品物流园区,它们能给农产品提供较为专业的低温仓储、流通加工等服务,方便了农产品的集散。由于操作更为专业,农产品的损耗有所降低,附加值则大为提升,这些都有利于农产品供应链上各环节的合作。

三、资金流的影响

(一)产业集群有助于资金的及时回流,为供应链的持续提供保障

农业产业集群内存在着大量的中小企业,市场千变万化,财务政策的改变随时可能产生致命一击,一旦出现不可预料的不利因素,资金周转就可能出现困难,合作伙伴也可能撤走资金导致企业出现财务危机。当良好的市场机会出现时,由于企业规模小、资金实力不足,无法承接项目。中小企业融资难是制约产业集群发展的瓶颈。

在产业集群中,信息流的敏捷性建立起的诚信机制,使资金的回笼得到了保障,资金运转顺畅,保证了企业的正常运作。反过来,通过供应链优化实现资源整合,可以有效地降低成本,获得利润优势,保持资金链的完整。

由于产业集群的地理位置相对接近,银行对本地的众多企业状况比较熟悉和了解,信息沟通相对顺畅。现在,信息传递很快,一旦企业出现拖欠

货款、逃避相关债务的行为,很快就会在集群内传播开来,那么这个企业就会无法在集群环境中生存。这也反过来给企业以压力,使其不敢轻易逃避债务。

集群内企业数量众多,对技术保护的难度也大,这会对企业的创新积极性形成打击,不适度的竞争也会给创新的积极性带来障碍,从而影响到企业的投资力度。

(二)产业集群为短期融资提供了便利

一个产业集群的形成,必须要具备完整的供应链和服务链,形成环环相扣、相互配合的产业族群。针对区域产业集群的特点,通过高效集约的外部业务流程及资源整合,构建电子商务平台,为产业集群提供良好的服务,有效地解决制造业集群产业资金流方面的瓶颈。

浙江省余姚市梁弄镇的种植大户通过网络信息平台,开发了采摘旅游,拿到第二年的水果订单,农家乐还引来了网上预订,实现从信息流到资金流的转化。特别是对于做外贸的企业,通过网络免去外贸公司的中间环节,直接与客户见面,节约了成本,获得了更多的价格竞争优势。

嘉兴的中国农产品网络平台运用现代的网络技术和新型的交易方式,将嘉兴农产品的贸易由传统模式向现代模式引导,推动了当地名优产品的销售。借助网络经济的作用,拓展了农产品的市场辐射面,帮助更多优质农产品、特色农产品找到客户。据了解,该网上交易平台运用的是浙江大学最新的流通领域研究成果——"供应链前置理论",为网站提供了强大的技术支撑。此外,由于网上交易涉及大笔资金的往来,中国工商银行嘉兴分行也积极参与进来,与该网站签订了资金第三方监管协议,尽全力确保交易中的资金支付安全。而作为该网上交易平台的监管单位,嘉兴市工商局也扶持网上市场做大做强,推动当地现代农业的发展。

参考文献

[1]蔡宁,吴结兵.产业集群与区域经济发展[M].北京:科学出版社,2007.

[2]郑风田,程郁.我国农村产业簇群的合作效率分析[J].中国农村观察,
  2005(4).

[3]李东升.外资嵌入型农业产业集群升级研究[J].农村经济,2008(4).

[4]花永剑.基于出口导向的农产品供应链优化研究[J].乡镇经济,2009
  (11).

[5]黎继子.集群式供应链[M].北京:中国经济出版社,2006.

[6]庆元农业信息网。网址:http://www.qyny.gov.cnhtmlmain/gb2312/
  index.html.

[7]赵敏.农产品物流[M].北京:中国物资出版社,2007.

[8]李君茹.谈发展农业产业集群对新农村建设的促进作用[J].商业时代,
  2007(33).

[9]刘甜甜.产业集群的信息流物流资金流竞争力评价研究[D].北京:燕山
  大学,2010.

第七章 农业产业集群政策导向体系研究

第一节 农业产业集群发展中的地方政府作用研究

一、问题的提出与文献回顾

（一）问题的提出

随着国家对农村经济的重视，"一镇一品"政策在农村大范围推广，我们发现，农业产业集群在广大农村地区发展迅速。有些地区的农业产业集群已形成了较大的规模，使当地农民的收入得以大幅提高。农业产业集群的形成与发展过程中，农产品的品牌建设是关键的环节，因为一旦成为知名品牌，身价立刻就会飞涨，销路不愁。[1]比如，浙江湖州地区的"阳澄湖大闸蟹"品牌，已是众所周知了，每到大闸蟹的捕捞季节，总是供不应求，当地农民收入也是翻了几番。在农业产业集群的发展过程中地方政府应发挥怎样的作用？由于国内的农业生产大多是小农化作业，加之农业产业集群与工业产业集群本就有着许多区别，地方政府在其中起的作用也就有所不同了。

下面就以浙江临安竹笋产业集群作为研究个案，从政府扶持的视角，探讨地方政府在农业产业集群发展的不同阶段所应发挥的作用与影响。

(二)文献回顾

1.关于产业集群研究的理论回顾

Porter(1990)对产业集群的定义为：产业集群是一些相互联系的公司通过共性和互补集中在一起。产业集群通常包括上下游、互补产品的生产商、提供专业化基础结构和提供技术支持的其他机构，例如学校、研究机构、职业培训机构、技术标准机构等。很多产业集群还包括商会和涵盖产业集群成员的其他集体组织。

国内外众多的学者主要是从产业集群的成因、产业集群与区域经济的互动、产业集群内的技术创新、产业集群的区域品牌化等几方面进行阐述。Krugman(1991)提出将空间的观念引入到主流经济学的实证分析模型中，认为是"偶然事件＋规模报酬递增"，而不是要素的资源禀赋、区域生产优势等原因促使某产业集群出现在某个区域。这说明了为什么在外部经济或聚集经济的驱使下，同一行业的众多企业会选择在 A 地而不是 B 地聚集。Pinch 和 Henry(1991)认为，是丰富的专业劳动力供求、专业化供应商的存在和技术知识外溢三方面的原因促使企业追求外部经济规模而聚集。Scott 运用交易成本理论对产业集群的形成进行分析，认为在劳动分工日益深化的前提下，企业间的交易频率增加，并导致交易费用的上升，企业倾向在本地寻找交易对象以降低成本，从而促进了地方企业集群的形成。与专业化分工发展所强调生产成本的节约不同，交易费用理论更强调的是通过企业之间的合作，来减少交易成本。

在产业集群的技术创新理论方面，Porter(1998)认为集群对技术创新的支持作用还体现在内部竞争压力和同行间的持续比较为其企业提供了充足的创新激励，正是合作和竞争两方面的因素使集群可以长期居于创新中心的位置。

在产业集群的区域品牌化方面，Stuart A. Rosenfeld(2002)认为，实施基于产业集群的区域品牌化战略是提升欠发达国家竞争力的方法。他的研究发现，将集群作为一种产品品牌化是使其与竞争者相区别的一种手段,特别是在消费者和顾客面临广泛选择而又必须经常借助品牌名称进行识别的经济活动中显得尤其重要。比如,一些区域将他们盛产的葡萄酒和该地区联系在一起,像西班牙、加利福尼亚、南澳大利亚和新西兰。因此,采用区域品牌化战略来建立集群,并通过区域品牌化帮助集群进一步获得区域竞争优势。国内学者赵广华认为,应发挥政府在构建集群品牌过程中的促导机制。在产业集群品牌提升的过程中,需要各方面的互动和合力,但政府的促进和引导,无疑是一个无法代替的主导性因素。其作用主要体现在:制定区域品牌战略发展规划、建立以政府为主导的集群创新网络、优化集群品牌的区域环境等。祝询认为,地方政府应该做区域品牌的策划者,但在不同阶段应该发挥不同的作用。早期由于产业界的联合力量和行业协会都比较弱,政府理所当然应有强制推动的意识;当相关的行业协会逐渐变强后,政府就应该逐步淡出,条件成熟时,便应由行业协会扮演主导角色。

2.关于农业产业集群研究的理论回顾

目前关于产业集群内部运作机理方面的研究成果较为丰富,但从农业发展的角度,对农业产业集群进行专门研究的文献较为少见。Porter(2003)通过对美国加州葡萄酒产业的研究提出,政府依靠该区域优良的葡萄产业,引导相关企业将整个产业链进行延伸,延伸出葡萄种植护理、葡萄采收设备生产、葡萄酒瓶生产、旅游观光等相关产业。这其中,政府有关部门和当地的一些高校发挥了主导作用。

国内专门对农业产业集群进行理论研究的成果也是屈指可数。郑风田认为,在近乎完全竞争的市场中,小农户进行技术创新的固定资产投资成本、弥合知识和经验技能差距成本以及弥补缺少外部条件的成本都会随之上升,从而影响他们发展。为了克服这些阻碍,防止经济发展水平在某个低水平上锁定,通过区域专业化和专业群化就可以克服发展的障碍。比如荷兰的花卉产业簇群,不但有全球最好的上百家世界知名的种子公司、种苗公司、包衣公司和几千个独立的花卉种植者,还有支持花卉业种植的配套产业,其中包括花卉苗、灌溉和收获设备、包衣和标签的提供者、专业化公关和广告公司、众多针对消费者和贸易商的花卉出版商。小的企业和农户如果以产业簇群的方式进行重新组织,集中精力搞好一个产业,就能够达到把袖珍型的小公司与农户等小舢板组成大帆船,从而形成"以小搏大"的竞争优势。

二、关于临安竹笋产业集群发展中地方政府作用的实证分析

前些年,产业集群的发展使临安的竹笋业资源配置不断优化,区域竞争优势日益明显。临安市地处亚热带北缘,具有典型的季风气候,年平均降雨量1399.7毫米,年平均温度15.9℃。雨量充沛,温暖湿润,四季分明,非常适合竹笋的生长。当地出产的天目鲜竹笋,壳薄肉肥,色白质嫩,鲜中带甜,清香松脆,其味特别鲜美。临安市可食的鲜竹笋品种有20多种,其中著名的有雷竹、毛竹、石竹、白哺鸡等品种。临安竹笋业已有近千年的历史,如今闻名海内外的"天目笋干"最早产销自宋代,明正德、嘉靖年间,天目笋干已为江南士民所称道。清末民初,有人将天目笋干传至东南亚各国,深得华夏子孙之喜爱。随后由于连年战乱,临安竹笋业的发展一度受到限制,直至新中国成立后又重新焕发出青春。到2008年,当地竹笋面积已达70万亩,年产值6亿多元,从事竹笋种植的笋农达15万人。目前,临安已建有12个鲜笋交易市场以及上海浦东恒大天目山竹笋交易市场,拥有一支5000多人的竹笋贩销队伍,当地竹笋类产品的出口占全国的五分之一。[2]"天目笋干"已通过国家地理位置证明商标认证,现在竹笋类产品不仅在国内绝大多数省份销售,而且还远销日、韩、欧美各国等。

在对当地竹笋产业集群进行实地调研和对典型企业进行深度访谈的基础上,我们将临安竹笋产业集群新中国成立后的发展分为三个阶段,分别探讨地方政府在不同阶段所发挥的作用。

(一)第一阶段,20世纪50年代初至1980年

新中国成立后,临安的竹笋业得以恢复。1952年,供销社开始为农民代销笋干;1954年,全面开展收购,当年产量达到14000担,收购量为11397担,创历史最高纪录。地方政府还选其中质优产品,提供外贸出口。1956年,经有关部门批准,天目笋干首次在"广交会"展出,备受青睐。1957年后,天目笋干被划为省管三类点名物资,实行统购。直至1978年退出。在这20余年中,笋干产量稳定维持在8000~9000担的水平,其中也有数年高

出 1 万担,或低于 6000 担。随着交通不断建设,鲜笋销路扩大,价格逐年提高,而笋干价格长期受控,以毛坯笋干(直尖)为标准,一直在每市担 45～55元,形成比价失调,影响了笋农做笋干的积极性,笋干产量逐年下降。

在这一阶段,由于是计划经济主导,地方政府对临安竹笋业的直接控制较多。由于临安独特的地理位置,当地生产的竹笋质地优良,口感鲜美,早年就声名远播。新中国成立后,当地的山林属集体财产,划归各生产队。鲜竹笋及笋干的生产也是由各村集体统一组织,并通过各级部门上交给国家。这期间,地方政府主要是在产量方面进行控制,竹笋也多是依靠自然状态生长。除了竹笋种植和简单的笋干加工,没有相关产业参与进来。由于独特的地理条件,使当地的竹笋享有一定声誉,形成了产业集群的雏形。

(二)第二阶段,1980 年至 20 世纪 90 年代末

这是临安竹笋产业在政府引导下快速成长的阶段。从 20 世纪 80 年代初期开始,临安吹响了农业综合开发的号角,制订了"东竹西果、北药南桑"的农业发展战略,田、地、山开发走上了相互协调、相互促进的良性发展轨道。以此为契机,当地各级政府根据本地野生竹资源丰富、群众基础良好和销售市场稳定等特点,果断决定将竹业作为发展的主攻方向,提出了"临安经济翻两番,竹笋必须挑重担"的发展思路。由于雷竹笋出笋最早、笋期最长、效益最好、品质优、没有大小年,种植的笋农越来越多,雷竹笋逐渐成为该市农村经济的支柱产业。1980 年,临安竹笋新中国成立后首次出口国外市场,当年出口日本 111 吨。期间,临安竹笋加工以水煮笋加工出口日韩等国为主。由于竹类产品在国内良好的声誉,临安 1996 年被命名为"中国竹子之乡"。

在上世纪 90 年代末,雷笋春节期间刚上市 1 千克能卖到 25 元以上,有"一棵雷笋价值一个猪蹄"的说法。为了引导农民加强管理、培育市场经济意识,临安市政府坚持"放水养鱼"的原则,加强政策引导,先后出台了一系列政策措施,每年统筹安排专项资金用于竹园建设和改造,并鼓励竹农采取自主联合、入股分红、使用权拍卖和有偿流转等方式,优化资源配置,促进规模化、集约化经营。临安还根据本地的地理环境和生产特点,对竹业发展进行区域化合理布局,并在竹子重点乡镇建立了 14 个市级领导示范

点、省级万亩无公害菜竹笋示范园区、太湖源镇现代化林业科技示范园区和万亩天目笋干竹示范基地,积极利用示范基地建设带动群众发展竹业,有效推动了规划的全面落实和竹业的持续发展。

在这一阶段,临安市政府制定了大力发展竹笋业的战略,并出台了相应的政策进行引导。政府的作用主要体现在:通过资金及相应的政策扶持,鼓励农民大量种植竹笋。同时,对适合种植的区域进行合理规划,并通过示范点带动群众。通过这些举措,使当地的竹笋产量大大提高。头脑灵活的临安人看中了市场经济下的商机,自发地组织竹笋外销,并通过适当的流通加工,提高竹笋的附加值。在此基础上,于 1998 年,临安市成立了首个农产品加工行业协会——竹笋加工企业协会。这期间,竹笋生产开始形成了"公司+农户"的运作模式,产业集群初具规模,知名度和影响力得以提升。

(三)第三阶段,20 世纪 90 年代末至今

这是竹笋产业集群快速发展、不断完善的阶段。通过前些年的积累,竹笋种植技术在 20 世纪末有了突破。在采用早出覆盖技术的条件下,雷笋能提前一个季节上市,仅此一项,就使竹笋经济效益提高了近 10 倍。笋农的生产积极性大大提高,产量也是逐年增长。2002—2007 年临安市年竹笋产量如图 7-1 所示。

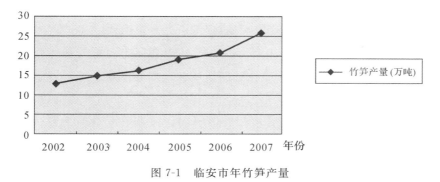

图 7-1 临安市年竹笋产量

当地政府又以市场 QS 认证为契机,从资金、技术、服务上对现有龙头企业进行扶持,运用政策导向和激励机制培植新兴农业龙头企业。鼓励拥有名牌产品的企业通过收购、兼并、联合等多种途径做大做强。企业与农

户的合作模式由"公司＋农户"、"协会＋农户"向更完善的"公司＋基地＋农户"的模式转变。由公司提供种子、农药和技术指导,基地负责组织,农户负责种植。三方签订最低保护价协议,确保农户种植竹笋的基本利益。当地已拥有近万人的鲜笋贩销队伍,每年将 10 余万吨鲜笋运往各地销售。同时,在政府的推动下,多方联动,不断延伸产业链。以松友公司为例,通过"公司＋基地＋农户"的运作模式,其已在浙江、福建等地,与 50 余家竹笋加工企业建立了稳定的订单式协作供销关系。通过签订合同,明确双方的责、权、利,同时公司还与 1 万多农户共同建立了竹笋原料供应基地 7 万多亩。

现在,临安市已形成太湖源、於潜、锦城、千洪、西天目、高虹、青山湖等十个竹笋重点产区,成为全国最大的竹笋加工基地,竹笋加工企业达百余家。其中,松友、康鑫、郭氏、丰野、西马克等十几家龙头企业先后进行了 HACCP 国际质量认证,规模不断扩大,每年要加工 5 万吨左右鲜竹笋。这些龙头企业在产品上不断创新,相继推出了"盒装油焖笋"、"手剥笋"、"馅用笋干粒"、"山珍玉笋"、"香米笋"等新产品。与此同时,竹笋的消费也推动了当地的旅游业,农家乐蓬勃兴起。

在当地政府的支持下,临安市境内和毗邻地区有着众多从事竹子栽培加工利用的科研院所,为竹业发展的产学研结合提供了便利条件。围绕高附加值和能占领市场制高点的新产业,临安突出"借脑"搞开发的思路,不断提高产品质量档次,缩短产品周期,促进产品升级换代。[3]

这期间,临安工商分局非常重视农产品地理标志商标注册工作,根据地方经济特色制定了地理标志商标注册培育计划和目标。2007 年 9 月,临安天目笋干产业协会申报了"天目笋干"、"天目雷笋"注册证明商标,"天目手剥笋"注册集体商标。在省市相关部门的支持下,"天目笋干"的地理标志证明商标已经成功注册。

此外,临安市领导每年还带队组织有关企业、大户,到上海、江苏、南京、北京等地推介竹笋,推出"临安百笋宴",广邀市民品尝,还借助当地媒体进行广泛宣传,取得了很大的舆论效益和市场效益。对内,加强行业自律,组建完善市竹产业协会,成立了 14 个乡级竹业协会和 10 个竹业经济合作组织,充分发挥服务职能和行业监管功能,提供信息和技术服务,主动协调会员单位之间的沟通与合作。

这一阶段政府的作用主要体现在：规范与引导集群内企业由无序竞争走向有序竞争；通过各级协会，使集群内竹笋产品的质量得到保证；及时引导和规范集群内企业自创品牌，并做好商标保护和区域品牌宣传工作。[4]这样，"小而散"的农户在协会的统一组织下基本利益得到保护，生产积极性得到提高，产量有了保证，与区域品牌形成了良好的互动。龙头企业通过协会确保收购的竹笋产品质量达标，相关科研院所参与技术研发，引领产品不断出新，从而进一步加强产品的竞争力。[5]目前，从竹笋栽培、技术护理、收购到产品深加工、外销、技术开发等一条龙式的产业集群已经形成。它以一些竹笋龙头加工企业的市场化运作为主，以当地政府的政策引导为辅，充分地调动当地农民的生产积极性。

三、研究结果与讨论

（一）结果与讨论

1. 独特的地理环境是农业产业集群产生的首要条件，政府只能在此基础上发挥引导作用。农业产业集群与其他工业类的产业集群的形成条件有所不同，它要求当地有适合某一类农作物生长的得天独厚的条件。以临安为例，它在气温、土壤、降雨量等方面都非常适合竹笋的生长，竹笋产量高、质量好，而且周边的居民喜欢食用，这是临安竹笋产业近年来得以迅猛发展的前提。如果没有这一前提，有特色的农业产业集群就不可能产生。[6]因此，农业产业集群发展过程中，政府的作用，在于首先得找到当地适合种养的农产品（最好是有特色的），在此基础上，适当地引导农民扩大种植面积、组建农业合作协会、打出地方宣传品牌，逐渐形成一条产业链。

2. 政府在创建维护区域农业品牌方面起着重要作用。现在，国家推出地理标志证明商标注册，这对促进当地特色农产品的销售有很大的推动作用，而证明商标的申报完成主要依赖地方政府有关部门。另外，当地农产品在市场上闯出一定知名度后，假冒伪劣、以次充好等问题会随之而来，这靠单个的企业、农民去打假是不现实的，需要政府有关部门去查处，从而确保农产品的质量，维护其声誉。以临安为例，政府在"天目笋干"证明商标注册成功后,划定了天目笋干种植区域,其中临安市域 63.9 万亩、安吉县域 6.3 万亩。并对许可使用的几家企业进行了授牌,同时要求林业主管部门会同工商、质监部门加大监管力度。通过这些举措,使消费者对"天目笋干"能放心消费。

3. 在农业产业集群发展的不同阶段,政府应发挥不同的作用。在农业产业集群产生的初期,政府应着重于寻找适合当地的特色农产品,并引导农民种植。现在是市场经济,政府一定不能对农民的种植直接干预,而只能通过利益导向、媒体宣传进行引导。当种植的规模达到一定程度后,销售的瓶颈往往会出现,政府就应组建农产品批发市场,通过各种方式进行宣传,引导商品销往国内外。临安现已建有 12 个竹笋批发市场,并通过相应的优惠政策培养经纪人,保证了竹笋流通的顺畅。当产业集群处于快速发展阶段时,消费者会对产品的品质、深加工提出更高的要求。这时,政府要做的是帮助各地成立农业合作协会,统一种植管理,确保质量统一。同时,牵头企业和相关科研院所合作,联合开发新产品。市场这时已经趋于完善,政府主要在质量监管、流通保障方面做好服务就可以了。

(二)研究的局限性

本次研究对象主要是局限于临安竹笋产业集群发展过程的研究,虽然这一个案具有很好的代表性,但不同地区农业产业集群的形成与发展路径以及政府在其中所起的作用会有一些差异。因此,我们将会在以后的课题研究中进一步完善。

第二节　农业产业集群发展的政策导向

农业产业集群是市场的行为,是市场主体根据市场的需要、竞争的需要以及经济效益的考虑做出的选择,但是,农业产业集群的区位和产业选择,市场的分割与统一,都与政府的行为相关,政府必须发挥其特有的功能,创造一种支持其可持续发展的环境。在浙江农户经营规模偏小、农民知识技术水平偏低的条件下,农业产业集群的形成与快速发展都离不开当地政府的扶持。政府在信息提供、技术支持、宣传销售方面拥有规模经济的优势,政府的引导、推广和协助,有助于降低农户成本,增加农户收益。

一、引导性政策

(一)制定农业产业集群发展规划

现状描述:

在浙江,农户生产经营规模小,收入水平较低,缺少深入调研、搜集市场信息来选择农业生产项目的动力。要把农业产业集群做大做强,受很多方面制约。由于千家万户分散生产,组织化程度很低,农产品不易卖出,农业科技难以普及。因此,选择适合本地区的优势农业生产项目来发展农村经济时,需要外部力量的引导与推动。政府处于宏观管理层次,可以总览全局,制定相应的发展规划。

规划是培育和发展农业产业集群的先导。一个地方优势主导农业的发展,既是农户和企业根据市场竞争状况自主选择、市场竞争、优胜劣汰的结果,也是政府的科学规划与指导的结果。政府应在做好科学规划的基础上,增加政府公共物品的提供,改善政府服务。

政策建议:

由于经济效益比较明显,农业产业集群的发展在农业领域显得越来越重要。浙江各地政府应提高发展农业产业集群的认识,把发展农业产业集群作为建设现代农业的重要内容,纳入"十二五"国民经济和社会发展规划,切实加强组织领导,统筹规划协调,编制实施农业产业集群建设专项规划,加大资金投入和项目扶持力度。

农业产业集群实现了农业产业化,各级政府在制定农业规划时,应把农业产业集群作为实现农业现代化的有效手段来抓。[7]加强对农业资源的调查研究,因地制宜,合理布局,引导不同地区发挥比较优势,变资源优势为竞争优势,迅速形成优势特色产业。

(二)打造和维护优质农产品品牌,形成良性循环

现状描述:

近年来,浙江农产品经营者的品牌意识日渐增强,知名品牌也越来越

多。可是,还有不少地方的优质农产品"处在深山人未识",当地农民也不知道如何通过打造品牌来提高价值。另外,市场上假冒名牌农产品的情况层出不穷,相关标志很容易仿造,"打不胜打"。在市场上已经形成了很不好的"劣币驱逐良币"的现象,影响到了产品的对外销售,给一些致力于打造优质农产品品牌的经营者造成了一定的负面影响。

政策建议:

农产品的价值最终要通过市场才能实现。政府有关部门应把打造知名品牌特别是区域品牌,放在重要位置。引导企业增强商标意识、品牌意识、名牌意识,高度重视产品质量和售后服务,加强市场营销。重点扶持一批技术含量与附加值高、有市场潜力的名牌产品企业,鼓励企业开展企业形象和品牌标识的策划活动,鼓励名牌产品迅速扩大品牌经营规模。[8]有关部门应积极申报国家农产品地理标志,并以名牌产品、名牌企业为依托,打造一批农业名县、名乡,共创区域名牌。以政府引导、中介促进、企业自主结盟为原则,整合和利用各类社会资源,打造一批名牌产品,带动当地农业产业集群的发展壮大。

在推动农产品品牌方面,地方政府应利用其权威性,主动向社会公众展示农产品特色品牌,积极扩大其社会影响,缩短市场接受、认同品牌的过程。政府应积极联合农业龙头企业通过举办展览会、博览会、交易会等各类活动,并通过电视和报纸等媒介进行宣传,树立集群特色品牌形象。政府有关部门还可以利用自身的资源优势,组织当地农产品生产和销售大户到各地考察市场,与当地经销商建立销售合作关系。

(三)大力推广农业创新体系,为产品的高水平生产流通服务

现状描述:

产品质量是影响农业市场竞争力的最主要因素,根据经验,产业基地能提高农业生产对科技的吸纳能力,带动农产品品质和质量的提升。农户的质量意识、技术水平是确保农产品质量的关键所在。浙江在农业产业集群推进过程中,不时会有创新的亮点出现,不过这些创新多属于偶尔为之的,还没有形成一套促进创新的体系,能够让农产品的生产、流通等方面的创新不断地涌现出来。浙江农业方面的创新多属于初级阶段,力度还不够。

政策建议：

首先，政府有关部门要加强制度创新和科技创新，致力于创造更为完善的吸引高新技术投资创业的环境。政府及科技管理部门要进一步支持高新区各类科技孵化器建设，特别要在孵化器与中介服务机构之间建立长期稳定的协作关系。对于有利于农业产业集群发展的制度，应该大胆尝试。通过制度创新，加强和落实对科技创新的扶持和引导；通过制度创新，调动科技人员的积极性和创造性。另外，还要加大农业科技创新和技术推广的力度，在产业化经营的各个环节，进一步普及先进适用技术。鼓励有条件的企业组建自己的研究开发机构，加速科技成果的转化。要加大科技投入，加大科技培训力度，努力提高农民素质。

其次，要引导农业产业集群创新系统的培育。政府在招商引资的同时，应注重优秀企业家精神和优良企业文化的引进和学习，鼓励企业之间进行交流。努力培育敢于冒险、诚信合作的创新精神与创业文化。在企业作为农业技术创新主体条件还不成熟的情况下，农业技术创新短期内对政府的依赖性还很强。政府应继续加大对农业技术创新投资的力度，在完善"核心区、示范区、辐射区"的农业科技园区发展模式的基础上，实现农业技术创新的梯度推进，促进农业产业创新发展。

第三，政府应鼓励有条件的企业建立自己的科研机构，增强产品和技术开发能力；引导企业走产学研相结合的道路，积极与科研单位、大专院校和科技人员合作，建立以企业为主体的技术创新体系，形成自主开发或联合开发的技术创新机制，不断开发新技术、新工艺、新材料、新装备、新产品，提高产品的技术含量和附加值，推动产品换代、技术和设备更新，实现产业结构优化升级。要大力推进技术创新、产品创新、品牌创新、企业创新，形成一批掌握更多核心技术、拥有更多自主知识产权的企业，增强市场竞争能力。

（四）完善商品信用体系

现状描述：

商品信用体系包括商品质量信用、价格信用、交易信用和服务信用等。建立健全商品和企业信用体系，是现代市场经济的基石，是打造名牌产品和提升企业知名度的前提。推进农资诚信体系建设，是农业部门的重要职责，是维护农村生产生活秩序、维护农民利益、维持社会稳定的基本要求。浙江省在商品信用体系建设上，目前还存在着诚信宣传引导不够、法律法规不配套、信用信息共享不足、部分企业诚信缺乏等问题，坑农害农事件时有发生。

形成以道德为支撑、产权为基础、法律为保障的社会信用制度，是建设现代市场体系的必要条件，也是规范市场经济秩序的治本之策。农资企业信用好坏关系到农资质量，且直接关系到农产品的质量和农业生产安全，更关系到广大居民的身体健康和生命安全。要进一步深化农资信用体系建设，建立起农资信用体系的良性运行机制，为优质农产品的生产筑起第一道防线，切实维护农民权益和保障农业生产安全。

政策建议：

针对浙江省商品信用体系的现状，各级政府监管部门应该进一步建立、完善农业企业及农产品信用等级分类标准，健全信用数据库，及时、准确监测企业和农产品达标实况，并建立和完善信用奖惩联动机制，努力提升合同履行、农产品质量、信贷、纳税、环保、食品安全等方面的信用水平。

浙江省应全面推进农资安全信用体系建设，建立起农资信用体系的基本框架和运行机制，在制度上建立征信、评价、披露、服务、奖惩等制度，做到有章可依；在运行载体上，建立省、市、县三级相联的农资企业信用和农资产品质量发布查询系统，做到内容公开、查询便捷；通过安全信用体系建设活动，进一步增强全社会的农资安全信用意识，营造农资安全信用环境，创造农资安全信用文化，在运行机制上强化对农资产品质量的监督检查。

为从根本上规范农资生产经营行为，保障农业生产和农产品质量安全，浙江应建立农资现代流通网、农资监管监督网、农资信用信息网，以及农资企业诚信生产经营制度、农资企业信用评价制度、农民利益受损补偿制度（即三网三制）为主要内容的农资信用体系。在农资监督监管网络体系的建设中，要建立部门联管、乡镇协管、行业自律、社会监督等多层次、全方位的监督机制。在农资信用信息网的建设中，应充分利用浙江农业执法网，建立农资企业信用动态信息数据库和农资企业信用管理信息系统、农资信用信息的发布系统，实现农资企业信用信息动态管理，实现农资监管信息快速集聚和共享,实现农资信用信息的及时公示和发布,实现工作指导与交流的网上快捷沟通。

建立诚信制度,政府应着重从三个方面着手:一是引导农资生产经营企业组建农资行业协会等有效的行业自律组织,制订协会章程、自律公约等行业自律制度;二是督促农资生产经营企业制订、实施保证农资产品质量的相关制度(包括农资管理制度、质量管理制度、销售记录制度、优质服务制度和承诺制度等),实现从采购、生产、贮藏、销售等各环节都有规范制度保证;三是建立和完善"一账一票一书"制度,即建立进销台账和进销货发票的"一账一票",与监督管理部门及企业内部签订"农资生产经营责任书"。

(五)推动农业循环经济发展

现状描述:

浙江省农业资源禀赋总体不足,以资源要素投入为主、农林牧渔各业隔离的传统生产方式难以为继。浙江多数地区的农产品还是原生态的产品,精加工、高附加值的产品并不多。而且,在农产品的生产过程中,过度地通过化肥施用来增加农产品产量,已在某些地区出现"量高质低"的现象,农产品卖不出高价,而且还导致了生态环境的恶化。发展生态循环农业,是促进农业转型升级、建设生态文明的有效举措,有利于农林牧渔业融合发展,提高农业资源利用率、土地产出率和综合经济效益,促进农民增收;有利于提高农产品品质,满足群众对农产品的绿色消费需求;有利于协调农业生产与生态的关系,促进农业可持续发展。

政策建议:

政府应着眼于转变农业发展方式、提高农业综合生产能力,以现代农业园区为平台,以资源利用集约化、生产过程清洁化、废弃物利用资源化为主线,运用循环经济理论法,大力推广应用种养结合等新型种养模式以及健康养殖、标准化生产等先进适用技术,大力发展高效的生态循环农业,促进农业现代化建设。

具体来说,首先,要加强农业资源保护。依法严格保护耕地特别是基本农田、标准农田以及森林、湿地等农业资源。加快建立农业环境标志、农产品基地和质量标志制度,探索实行耕地质量、农业生态环境动态评价制度。其次,优化农业产业结构布局。依托当地自然资源,充分挖掘和利用农业功能,按照结构优化、产业融合、产出高效的要求,深化农业结构调整,合理布局农业种植业、养殖业以及畜禽粪便收集处理中心和有机肥加工、废弃物回收利用企业,提高资源综合利用水平。第三,大力推广生态循环农业技术,加强生态循环农业集成技术的科技攻关。大力推广应用优良品种,广泛推广种养结合以及农作物间作、套作、轮作等新型农作制度,积极发展新型稻田养鱼、浅海贝藻类生态养殖,充分利用光温水等资源。第四,改造提升农业设施。逐步建立标准化钢管大棚等配套设施补贴机制,大力发展农业机械化,完善农机购置补贴政策,探索高耗低效农业机械报废更新补贴机制,扩大低耗高效新型农机具应用,提高农业机械化水平。第五,深入推进农业废弃物资源化利用。鼓励发展"资源—产品—废弃物—再生资源"的资源能源循环利用模式,加快推进农业废弃物处理设施、服务体系建设,充分挖掘利用农业废弃物和副产品的价值。

二、支持性政策

(一)加强农业产业集群区域内基础设施建设

现状描述:

与国内其他地区相比,浙江农业产业集群区域内的基础设施应该算是不错的,公路、批发市场、通信网络设施等都位居国内前列。2009年,浙江省公路里程突破3000千米,高速公路密度达到每百平方千米5千米以上。计划到2020年,浙江境内高速公路总里程超过5000千米。已建有近千家农产品批发市场,已基本实现了"村村通电话,村村通网络"。设施虽然不错,只是收费多且高。有些高速公路甚至普通公路的建设成本其实通过收费早就收回来了,但却一直维持着原有的收费。还有国内的油价一直在涨,已经远高于国外的油价,而农产品流通中的油价补贴落实不到位,这就导致近年来连续出现蔬菜在原产地价格低廉、而消费终端蔬菜价格高企的局面。

政策建议:

在农业产业集群的形成和发展过程中,政府公共物品的提供是不可或缺的,尤其是对产业集群发展硬环境的投入建设。农田、水利、市场、仓储以及交通等基础设施的建设和完善,有利于降低农产品的生产成本、流通成本,促进农业生产进一步向优势区域集中,并使不同区域的资源优势更好地转化为经济优势。

在基础设施建设方面,地方政府应进一步加大扶持力度,增加公共要素的投入,并采取措施确保这些设施的建设质量。各地要努力加大对产业集群公共要素的投入,通过土地、税收、财政投入、政府收购、项目审批、投融资体制改革等政策手段,吸引和鼓励社会各方面投资。

农产品流通环节中的物流成本,主要是过路费和油价,政府要给予相应的补贴,开通绿色通道,使农产品产销两个终端受益。政府应加快建设现代化物流体系建设,构筑物流平台。整合现有物流资源,发展"第三方"物流产业,培育专业化物流市场,鼓励企业采取联合采购、集中管理、统一配送、分散经营的物流管理模式。

(二)完善农村金融服务体系

现状描述:

资金匮乏是制约浙江农业产业集群发展的"瓶颈"之一。"二元经济"结构导致城乡金融发展严重不平衡,金融资源按照盈利和安全的目标在经济发达、投资环境好的地区配置,农村资金大规模地涌向城市或经济发达地区,出现了金融资源的"马太效应"。由于大量的金融机构网点的撤销,贷款审批权限上收,导致农村经济发展和新农村建设的金融支持严重不足。

而主要为农业生产提供资金的农村信用社自身也存在缺陷,金融服务不到位。首先,部分农村信用社省联社及派出机构与县联社之间的权责关系不够明确。部分地区省联社及其派出机构与辖内县联社"一级法人"社基本上变成了行政性的上下级关系,县联社作为一级法人的自主权受到了限制,股东大会、监事会等形同虚设,社员的权利普遍受到忽视。其次,农村信用社经营机制和内控制度不健全、抵御风险能力较差,加上历史包袱重、人员素质较差、服务手段落后等原因,致使作为农村金融主力军的农村信用社在农村金融市场上有着明显的局限性,金融服务能力和服务水平长期低下。目前,浙江农村信用社金融服务仍然以传统的存贷业务为主,缺少针对农民、农村中小企业的产品服务创新。农村信用社将精力放在具有一定经济实力的优质客户和经济效益好的农业项目中,缺少有效服务农村贫困人口的机制。

农业发展银行作为唯一的农业政策性金融机构,长期以来其业务主要是承担国有粮棉油流通环节的信贷业务,仅在农产品收购、储备、调销等纯政策性方面发挥扶持作用。对农业综合开发、农业产业化、农村基础设施建设等方面的信贷业务还没有运作起来,对改善农业生产条件和促进农民增收的作用乏力。另外,农村保险覆盖面窄、农业保险发展滞后,农村金融生态环境不良。

政策建议:

资金是农业产业集群发展的基础。打造农业特色板块,市场和企业是主体,但是离不开各级政府的组织和引导。实施更加积极的资金扶持和金融政策,将政府有关引导扶持资金向农业特色板块倾斜,创新融资服务,大力支持农村合作金融和农民专业合作社开展信用合作。

首先,政府应加快发展中小企业融资服务体系建设,构筑融资服务平台。继续推进全省中小企业信用担保体系建设,积极探索有效解决中小企业融资困难的途径。引导和鼓励金融部门改进金融服务,增加信贷投入。加强与金融机构合作,创建政、银、企合作平台,搞好贷款项目的推介工作。

其次,政府应多途径、多方式筹集农业产业集群发展资金。除应进一步加大对农业和农业产业集群的风险投资外,还要在优化地方投资环境的综合水平、对外招商引资方面加强行政服务。还可考虑对内建立农业产业投资基金来缓解资金紧缺压力。要积极组织农业产业集群内有条件的企业争取农业结构调整资金、县域经济发展资金、技术改造资金、科技三项经费、农产品出口贴息资金、外贸发展基金以及国家和省科技型中小企业技术创新资金等,用于提升农业产业集群的核心竞争力。

第三,优化金融信贷等服务。各级银行业金融机构要制定支持农民专业合作社发展的信贷扶持政策,进一步加大对农民专业合作社及其社员的信贷支持力度,积极实施"便农支付工程",帮助农民专业合作社享受安全、高效的资金结算服务。开展农民专业合作社的信用等级评定,对于实力强、信用等级高的规范化农民专业合作社给予一定的授信额度。支持有条件的农民专业合作社开展信用合作、资金互助和贷款担保试点。支持和引导农业担保机构优先为农民专业合作社提供贷款担保。政策性农业保险机构和商业保险机构要加快开发适合农民专业合作社特点的保险产品,进一步扩大政策性农业保险的品种和覆盖面。

(三)完善农业税收优惠政策,加大优惠力度

现状描述:

近年来,国家在农业税收方面推出了多项优惠举措。针对基础农业,2006 年取消了农业税,免征增值税;针对衍生农业,农业生产资料免征增值税,农业技术服务及转让免征营业税,灌溉、兽医、农技推广、农机作业及维修、符合公共基础设施项目企业所得税优惠目录的涉农项目免征企业所得税;针对加工农业,加工后仍属于国家税务总局制定的《农业产品征税范围注释》内的农产品适用 13% 的低税率,初加工免征企业所得税。总体来看,现行税收优惠政策对农业发展发挥了促进作用,但在公平、法律支持、相互协调等方面还存在不少问题。

政策建议:

发挥税收对农业产业集群的调节作用,要从制度层面上完善税收制度和优化税种结构;从操作层面上加大政策落实力度,全面、及时、准确落实好各项税收政策,从而增强税收政策的整体效能。从浙江的情况来看,应遵循"税负从轻、绿色环保、自主创新"的指导思想,调整政策理念。一是加大税收优惠力度。进一步减轻农业产业化龙头企业的税收负担,加大税收减免力度,吸引资本、技术和人力等生产要素流入农业产业化领域,扩大投资主体,增强企业自我积累和发展能力。二是促进农产品品质提升。在实行税收普惠制的基础上,调整税收优惠政策的偏向度,鼓励企业生产"绿色环保"和高档、质优产品。三是鼓励农业产业化龙头企业自主创新,对企业的品牌建设投入给予特殊税收优惠。四是扩大农业产业化税收优惠的覆盖范围。对直接从事农林产品深加工和精加工企业,给予农产品粗加工企

业同等的税收优惠。对农民专业合作经济组织,也应给予一定税收优惠。五是调整增值税。把生产型增值税转型为消费型增值税,促进企业扩大投资规模,鼓励企业加大技术改造力度。将增值税纳入税收优惠范围,对农业产业化龙头企业给予一定增值税减免。农业产业化是一个投资大、周期长、回报率低的行业,应加大财政对农业产业化的支持力度。

(四)完善农产品流通政策

现状描述:

由于近两年农产品终端销售价格不断攀升,从中央到地方先后出台了一些促进农产品流通的政策。比如,2008年年底至2009年5月31日,为解决卖桔难的问题,浙江省开通了全省柑桔运输"绿色通道"。对整车合法装运浙江省生产柑桔的省内外货运车辆,凭省农业部门签发的《植物检疫证书》免费通行本省收费公路。2010年11月,浙江省交通厅、浙江省物价局发布《关于进一步完善我省收费公路鲜活农产品运输绿色通道政策的通知》,提出:①自2010年12月1日零时起,全省收费公路对所有整车合法装载鲜活农产品的车辆免收车辆通行费。②对少量混装其他农产品(暂定总装载质量20%以内)、超限幅度在合理计量误差范围内(暂定超限5%以内)的鲜活农产品车辆,比照合法装载车辆免收车辆通行费。③鲜活农产品目录新增马铃薯、甘薯、鲜玉米、鲜花生等。这些政策的推出在某种程度上降低了农产品的物流成本,促进了农产品流通。不过,现实情况是,农产品流通的成本仍然很高,亟待改进。

政策建议:

首先,农产品的流通环节多、流通费用高已成为大家的共识,完善农产品的流通应从这两方面着手。对整车运输鲜活农产品的车辆按有关规定给予减征或免征通行费应该成为一种常态。政府应鼓励"农超对接"的积极推行,加大对其的财政资金扶持力度;加大对冷链物流中心的信贷投入,支持合作社建设冷藏保鲜设施、配置冷藏运输工具、检验检测设备,运用供应链融资、抵押贷款等方式,解决融资难问题;促进工商业用水、用气、用热基本同价,进一步降低和规范农产品进场费及摊位费;降低农超对接门槛,严禁超市向合作社收取进场费、赞助费、摊位费、条码费等不合理费用,严禁任意拖欠货款。

其次,以农产品冷链系统、质量安全可追溯系统为重点,支持一批农产品批发市场和农贸市场进行建设和改造。大力发展农产品物流,支持和培育专业化的农产品运销企业和物流配送企业,加快现有农产品物流企业改造升级。

第三,制定切实措施,确保"绿色通道"通畅。加强公路养护,确保网络畅通;规范路面执法行为,保证鲜活农产品的及时运销;继续加大"绿色通道"网络内公路收费站点的清理整顿力度;为整车并合法装载运输鲜活农产品的车辆提供便利;加快农村公路网建设,为鲜活农产品运销提供基础性支持;加强源头管理,确保鲜活农产品运输业户守法经营。

(五)落实农机补贴政策

现状描述:

农业机械化是农业现代化的重要标志,实施农业机械购置补贴政策是稳定发展粮食生产,推动农业转型升级,提高农业发展水平的重要举措。浙江目前的农机补贴对象主要为本省籍农牧渔民、农场(林场)职工、直接从事农机作业的农业生产经营组织(包括具有法人资质的农民专业合作社、村经济合作社、农业企业和农场),以及取得当地工商登记的奶农专业合作社、奶畜养殖场所办生鲜乳收购站和乳品生产企业参股经营的生鲜乳收购站。补贴机具以粮油生产机械、农业主导产业关键环节机械装备和设施农业装备为重点,主要用于补贴动力机械、耕整地机械、种植施肥机械、田间管理机械、收获机械、收获后处理机械、农产品初加工机械、排灌机械、畜牧水产养殖机械和设施农业设备等12大类34个小类94个品目的机具。

政策建议:

首先,浙江正处于从传统农业向现代农业转变的关键时期,加快推进农业机械化和农机工业发展,对于提高农业装备水平、改善农业生产条件、增强农业综合生产能力等具有重要意义。浙江应根据不同区域的自然禀赋、耕作制度和经济条件,采取相应的技术路线和政策措施,推进不同地区农业机械化发展,鼓励有条件的地方率先实现农业机械化。以促进农机农艺结合、实现重大装备技术突破等为重点,加快实现粮食主产区、大宗农作物、关键生产环节机械化,加大协同攻关和工作力度。以市场需求为导向,引导社会资本、技术和人才等要素投入,继续加大对农机购置、使用和农机工业的财税、金融等扶持力度。继续实施农机购置补贴政策,合理确定补贴资金规模,逐步加大农业机械化重大技术推广支持力度。积极开展农机保险业务,有条件的地方可对参保农机给予保费补贴。

其次,完善农机购置补贴制度。按照科学、公开、公平、高效的原则,完善农机购置补贴管理办法,合理确定补贴产品种类,及时公布年度实施方案和补贴资金等,提高政策实施的透明度和公平性。简化农机购置补贴审批程序,改进审批方式,缩短审批时间。保障农民选择权和议价权,允许农民对实行统一定额补贴的同一种类、同一档次产品在本省范围内跨县自主购机,允许农民在签订购机协议后调换机型。在保障信贷资金安全的前提下,积极推动农机抵押贷款业务,合理审慎确定抵押率,采取灵活的贷款期限与还款方式,为农民和农机服务组织多元化融资提供便利。

(六)完善农产品安全制度

现状描述:

2003 年,浙江省就推出了《浙江省食用农产品安全管理办法》(省政府令第 163 号),规定有关行政主管部门应当加强对农药、兽药、饲料和饲料添加剂等农业投入品的管理与食用农产品的监督检验,保障食用农产品的质量和安全。省农业行政主管部门负责食用农产品生产基地的规划和组织建设,种子(包括种畜禽,下同)、肥料、农药、兽药(包括鱼药,下同)、饲料和饲料添加剂等农业投入品生产、经营、使用的监督管理,畜禽及其产品的检验检疫和监督管理,组织食用农产品生产地方标准的拟订和实施,绿色农产品产地认定和技术推广等。渔业行政主管部门、林业行政主管部门、经贸行政主管部门、食品行政主管部门、质量技术监督部门、工商行政部门、环境保护行政部门等各自负责其中一块。

市、县(市、区,下同)农业、渔业、林业、经贸、食品、质量技术监督、工商、环保等部门,按照职责分工,共同做好本行政区域内食用农产品安全的监督管理。计划、财政、公安等有关行政主管部门根据职责分工,做好食用农产品基础设施的扶持、经费的投入以及其他相关的监督管理。进出口商品检验部门依法对进出口食用农产品实施监督检验。

虽然有多方监管，但由于监管法规和监管体制的缺陷，执法力度不够，特别是民事赔偿制度有欠缺，而且各有关部门在执法时只负责其中一段，结果导致食品安全问题层出不穷。食品安全已成为困扰百姓生活的重要问题。

政策建议：

质量安全是农产品顺畅流通的首要前提。对违反农产品质量安全的行为应采取严厉处罚的制度。要从源头上加强管理，加强食品安全监测。建立农产品产地环境安全监管体系，强化对农业投入品的质量和环境安全管理；建立国家农兽药残留监控制度；建立和规范食品召回监督管理制度。完善食品安全卫生质量抽查和例行监测制度；加快质量电子监管网建设，不断改进监管手段。建立严密的食品监管网络，对种植养殖、生产加工、包装、储运、销售各环节实行全过程监管，确保食品安全。继续开展农产品安全专项整治，严厉打击生产经营假冒伪劣农产品行为，重点开展高风险农产品安全专项整治。

加强农产品安全突发事件和重大事故应急体系建设。完善农产品安全应急反应机制，建立实施农产品安全快速反应联动机制；全面加大农产品安全重大事故的督查督办力度，健全食品安全事故查处机制，建立食品安全重大事故回访督查制度和食品安全重大事故责任追究制度。要求农产品经营者建立并执行农产品退市制度。经营者发现其经营的农产品不符合食品安全标准，应当立即停止经营，下架单独存放，通知相关生产经营者和消费者，并记录停止经营和通知情况，将有关情况报告辖区工商行政管理机关。

加强进出口食品安全管理。建立和完善进口农产品质量安全准入制度，制订科学合理、与国际接轨的准入程序；提高进口农产品检验检疫的有效性；完善进口农产品查验制度；建立完善的进出口农产品安全技术法规体系；制定进出口农产品质量安全控制规范，制订、修订与农产品检测相关的检验检疫行业标准。

三、发展性政策

(一)继续扶持农业龙头企业的发展

现状描述:

农业龙头企业是指立足农业领域,以追求自身利润、价值最大化为动机,具有引导生产、深化加工、服务基地、开拓市场等综合功能,规模较大,并致力于促进农民增收、农业增效的各类组织。浙江省农业龙头企业的发展经历了从小到大、从弱到强的过程,先后经历了雏形阶段(1990 年以前)、起步阶段(1990—2000 年)、实施和发展阶段(2000 年以后)。据调查,2010年全省年销售收入 500 万元以上农业龙头企业有 2870 多家,其中省级骨干农业龙头企业 313 家,农业产业化国家重点龙头企业 42 家。从龙头企业的分布来看,全省县级规模以上农业龙头企业中位于浙南地区的占 18.3%,位于浙西地区的占 15.8%,位于浙中地区的占 27.6%,位于浙东地区的占 11.8%,位于浙北地区的占 26.6%,地区间分布较为均匀。

经过几年的发展,浙江省农业龙头企业规模和实力不断增强。截至 2008 年,浙江省已有年销售收入 1 亿元以上加工型农业龙头企业 504 家,年销售收入 5000 万至 1 亿元的加工型农业龙头企业 476 家。海通食品、宁波天邦、德华兔宝宝和山下湖珍珠分别在深圳证交所、上海证交所成功上市。随着农业产业化组织稳步发展,农业龙头企业的带动作用明显增强,积极为农户提供技术、信息、资金等服务,发挥了带农惠农作用,多渠道促进了农民的就业增收。农业龙头企业大都采用"公司+基地+农户"的产业化经营模式,并利用生产基地锁牢公司和农户的关系,实现了公司赢利、农民增收的"双赢"。

政策建议:

在农业产业集群的发展过程中,农业龙头企业起着重要的作用。政府应该一如既往地支持农业龙头企业的发展,在尊重市场经济规律、坚持企业自愿原则的前提下,引导同类产品生产企业通过兼并、重组、联合、股份制、股份合作制等形式,进行资源整合,改变大而全、小而全的生产方式,发展专业化分工,加强上下游产业的纵向合作和产品研发、品种配套、市场营销等方面的横向联合,形成专业化分工明显、企业间协作紧密、产业链完整、服务体系健全的产业集群。

金融部门应加大信贷支持力度,把扶持龙头企业作为信贷支农的重点,在资金安排上给予倾斜。加大农业综合开发资金投入,把龙头企业列入重点支持范围。积极帮助和指导符合条件的龙头企业,争取国家和省投资参股项目、重点产业化经营项目、贴息项目、有偿和无偿结合项目扶持,每年农业综合开发资金投入龙头企业的资金确保逐年增长。建立原料生产基地,重点鼓励和支持龙头企业围绕特色农业和优势农产品开发,参与"一村一品"建设。对农民增收贡献突出的先进龙头企业,给予一定的奖励。大力支持出口农产品基地建设,推进品牌化建设,认真组织龙头企业开展无公害农产品、绿色食品、有机食品认证和市级以上名牌农产品争创活动,全面提高农产品质量和企业形象。地方政府应努力优化龙头企业发展环境,积极帮助市级以上农业产业化龙头企业申报国家、省重大项目,增加龙头企业在项目安排中的比例,国土资源部门、电力部门、粮食部门等都应给予相应的扶持。

(二)推进农业产业集群的信息化建设

现状描述:

信息化在我国新农村建设中具有重要的战略地位,它既是建设社会主义新农村的一项紧迫任务,也是建设农业产业集群的重要手段。农业信息化就是通过完善农村信息基础设施,充分运用现代信息技术和信息资源,在农业各个领域和环节广泛实现信息化管理与服务,不断提高农业生产力水平和农业产业层次,加快农业现代化的进程。目前,我国的经济政策从出口导向型转向促进国内居民消费,若要继续力保经济高速增长,亟需做的就是开拓农村信息高速公路,实现农村信息化,提升农民的技术和信息交流,推动各地特色农业的发展。

从浙江农村的信息化发展状况来看,虽然绝大多数农村实现了通信和上网,但只是通过网络等信息化手段,拓宽了信息沟通和交流的渠道,并没有完全实现信息化。其信息化建设模式还不够健全,网络信息资料陈旧,尤其是农业信息化建设还比较落后,农民使用信息化生产方式的意识还比较薄弱,而且信息化技术水平不高。由于收入等原因,农村信息化专业人才缺乏。

政策建议:

农业信息化建设是一个不断推进的过程。在此过程中,不能仅仅把农民当做信息化的主要服务对象,还需要创造相应的制度环境把农民吸引到农村信息化的建设中来,使农民真正成为农村信息化的主要建设者与最终的决策者,让农村信息化真正成为以农民为主体的、农民广泛参与的模式,从而充分发挥和提高信息化的社会效应。

政府有关部门应继续致力于信息高速公路和互联网业务的建设,在农业信息化建设上投入相应资金,加强信息化软硬件设施建设;健全政府网络,提升办公效率;积极组织信息化技术培训,借鉴先进的信息化建设经验;建立信息及时有效的农产品信息网站,使其更好地为农户、经纪人和销售商服务。要充分利用浙江农业信息网,为全省农户提供国家政策法规、产业导向、行业发展动态、最新科技成果、市场需求、产品推介等信息服务。

政府还应专门设立农业信息化工作部门,加大信息基础设施建设的力度,建设信息高速公路。有关部门应大力建设农田信息采集系统,建设农业科普培训系统,使农户对农作物当前的生长情况及环境情况有准确和实时的了解,实现农产品的生产标准化。另外,还应推动信息技术在农业各个生产过程中的应用,积极培养农业信息化人才。

在各地农家乐网站建设过程中,当地政府或旅游主管部门应为游客和农民做好监督、管理和服务工作,保障农民和游客的利益,做到促进当地观光农业的发展。相应的农家乐信息化应包括旅游电子政务和休闲观光营销系统。当地政府或旅游主管部门应通过构建休闲观光管理网络和业务数据库,为农民和游客提供各类信息,建立信息上传下达的渠道和公共信息的发布平台。

(三)继续推动农民合作组织的建设

现状描述:

2010年农村统计年报资料显示,2010年末,浙江省农村从业人员总数为2346.8万人。其中,从事第一产业的农村从业人员数为627.43万人,占全省农村从业人员总数的 26.7％，比重比上年降低 1.5 个百分点。浙江的农民合作组织数量迅速增加，它较好地解决了当前农户生产规模小、单位成本高的问题。农民专业合作社是农业（林业、渔业，下同）生产经营的新型主体，是建设现代农业的重要力量。近年来，浙江各地认真贯彻《中华人民共和国农民专业合作社法》和《浙江省农民专业合作社条例》，推进规范化建设，农民专业合作社数量快速增长、运行日益规范、竞争力逐步增强，但也存在运行质量和生产要素利用率不高、利益分配机制不完善、经营管理人才缺乏、抗风险能力弱等问题。由于农村的条件与城市相比有不小的差距，因此，各方面都还需要政府进行指导和扶持。

政策建议：

首先，各地政府应推动农民合作组织的管理规范化、生产标准化、经营品牌化、社员技能化、产品安全化建设，进一步规范农民专业合作社的章程、工商登记、组织机构、股金设置、民主管理、财务管理、生产经营、盈余分配、成员账户设立等制度，完善利益分配机制，切实保障农民专业合作社成员的财产权、经营权、分配权等合法权益。各地应积极组织开展农民专业合作社示范社建设，加快规范化专业合作社认定工作，并建立复评制度，实行动态管理。

其次，各地应加大财政支持力度，落实税收优惠政策。对农民专业合作社从事农、林、牧、渔业项目的所得，免征或减征企业所得税。对农民专业合作社提供农业机耕、排灌、病虫害防治、植物保护、农牧保险服务和相关培训业务以及家禽、牲畜、水生动物的配种和疾病防治服务免征营业税。农产品初加工项目所得免征企业所得税等。有条件的市、县财政要设立并努力增加农民专业合作社专项扶持资金，主要用于农民专业合作社联合社（会）开展农业服务的设施建设、农产品质量认证、市场营销网络、标准化生产、品牌建设以及开展资金互助、风险救助等方面。

第三，吸引优秀人才到农民专业合作社工作。鼓励农业科技人员和大中专毕业生到农民专业合作社工作，按照国家有关规定，签订劳动合同，参加各类社会保险。在专业技术资格评价中，对在农民专业合作社工作的农业科技人员和大中专毕业生给予适当倾斜。

第四，农民专业合作社兴办加工企业等所需要的非农建设用地，在符合土地利用规划、城市规划和农业相关规划的前提下,由土地管理部门优先安排用地计划,及时办理用地手续。供电企业应开辟农民专业合作社用电业务办理绿色通道,对农民专业合作社从事蔬菜、桑、茶、果树、花卉、苗木等种植业用电以及各种畜禽产品养殖、水产养殖用电,执行农业生产用电价格。

(四)完善农业教育体系

现状描述:

根据浙江省第二次农业普查数据,2006 年末,全省农业从业人员 509.66 万人,按文化程度分,文盲占 15.2%,小学占 55.8%,初中占 26.0%,高中占 2.9%,大专及以上占 0.1%。在年龄结构上,40 岁以上的为绝大多数,占了 79%。目前全省农业系统农技干部 3 万余人,其中在乡镇工作的占 70% 左右。他们担负着面向农村和农民推广新品种、新技术的重任,但他们的知识能力与浙江农业产业集群的发展还有一定的差距。据省农业厅统计,全省农技干部中,大专以上学历的仅占 20% 左右,高中以下文化程度的占到一半。在县级农技推广人员中,只具备初级技术职称的占了将近一半,这个问题在村镇一级尤为严重。由于种种原因,我省农民这一特殊而庞大的群体人均文化程度和整体素质较低。

政策建议:

当前,浙江省农业已进入转型升级的关键时期,迫切需要一大批有知识、懂经营、会管理的高素质人才。随着农业商品化、规模化、机械化的逐步形成,大学毕业生从事农业的条件逐步成熟。但是,由于农业生产条件艰苦,风险较大,效益相对偏低,加上传统观念的影响,大学毕业生从事农业的人数仍然偏少。各级政府要从促进农业发展方式转变,加快发展现代农业的战略高度,充分认识大学毕业生从事现代农业的重要意义,把鼓励和支持大学毕业生从事现代农业作为培育新型农业生产经营主体的重点来抓,努力提高农业生产经营者的整体素质。

对于符合条件的大学毕业生,应给予享受财政补助、优先安排相关现代农业扶持项目、优先申报相应专业技术资格、纳入创业创新实用人才培养计划等优惠政策。加大对基础设施、有技能的劳动力群体的投入,使本地企业间建立学习和交流机制,推动企业间建立联系,以促进学习和交流,从互补的人力、信息和技术资源中获得协同作用,促进企业之间的知识流动。并利用好农村远程教育网,通过网络指导和培训,提高农户的技术水平。

各地政府应逐步建立重大项目的人才培训与使用制度。要鼓励农村中的各类科技户、示范户和经营大户通过培训在学中干、在干中学。通过他们建立一批示范基地,将教育培训实习和试验示范推广有机地结合起来。

(五)推进农业产业园区建设

现状描述:

近年来,农业产业园区这种模式发展很快,浙江已建有 500 余个农业产业园区。农业产业园区能够利用当地高校和科研单位的智力和研究条件,由农业教育、科研和地方生产单位联合创办的经济实体,积极发展高科技农业,并通过农业科技成果交易、信息咨询和技术培训、农产品和农资的物流配送等涉农服务业,辐射、提升园区竞争实力,带动园区周边的发展。

浙江省农业园区运行的多是"两头在内,中间在外"和"两高一低"的模式。"两头在内,中间在外"是指农业生产的产前、产后环节放在园内,生产环节主要在园外广大农村。而"两高"是指作为产前、产后环节的种子种苗生产和农产品加工的起点要高,"一低"指生产成本要低。这种模式重点放在具有带动农业结构调整和产业化作用的种子种苗和农产品加工业上面。不过与发达国家相比,浙江的农业产业园区数量还不多,科研水平总体比较低,对周边农户的辐射效应还不够大。

政策建议:

在农业转型升级的关键时期,各地政府应立足当地经济发展水平、资源区位条件和产业发展基础,在农业主导产业相对集中连片的区域,集中力量建设一批规划布局合理、生产要素集聚、科技和设施装备先进、经济效益和示范带动效应明显的农业产业园区。县级政府应根据《浙江省农业主导产业发展规划》,统筹抓好园区建设规划的编制工作,将其纳入"十二五"经济社会发展的重要内容,并与新一轮土地利用总体规划、基本农田保护规划、城乡建设规划、交通道路建设规划、农业综合开发规划、林业发展区划、海洋功能区划等相衔接。

各地应积极引导农业种养专业大户、农民专业合作社、农业龙头企业等参与园区建设。支持科技人员、大中专毕业生等到园区创业。按照"依法、自愿、有偿"原则,引导园区内农民以转包、出租、互换、转让、股份合作、托管等形式流转土地(鱼塘、林地)承包经营权,推进规模经营。完善农业社会化服务体系,大力培育专业服务组织,开展农机作业、病虫防治、动物诊疗、产品营销等专业化服务。

另外,应鼓励引进、集成、运用和示范推广新品种、新技术,大力推广生态化、机械化、设施化、标准化、废弃物资源化利用等技术。支持有条件的园区逐步培育成为国家级和省级农业高科技园区。积极推广"千斤粮万元钱"、农牧结合、农林结合、林牧结合、农渔结合、能量循环养殖等新型种养模式,提高农产品品质。各地政府要整合农(林、渔)业产业发展资金、小型农田水利、节水灌溉、农业科技成果转化、农林生态环境建设等项目资金,统筹用于园区内项目建设。

参考文献

[1]樊新生,李小建.欠发达地区产业集群演化分析[J].经济地理,2009(1).

[2]临安市统计信息网.网址:http://www.latj.gov.cn.

[3]花永剑.农业产业集群发展中的地方政府作用研究[J].北方经济,2010(6).

[4]孙丽辉.区域品牌形成中的地方政府作用研究[J].当代经济研究,2009(1).

[5]张伟.资源型产业链中中小企业成长机制研究[J].商业经济与管理,2009(3).

[6]金海峰.在产业迁移中实现温州的产业集群升级[J].中国流通经济,2009(2).

[7]周新德,柳弟贵.浅议农业产业集群对湖南现代农业建设的推动作用[J].湖南农业科学,2008(6).

[8]张奇.农业产业集群成长演进中的地方政府作用研究[J].农村经济,2009(1).